Prof. Dr. Renate Zimmer

BaSiK

Begleitende **a**lltagsintegrierte
Sprachentwicklungsbeobachtung
in **K**indertageseinrichtungen

Manual

3. Auflage

Unter Mitarbeit von
Carolin Machens, Nadine Madeira Firmino,
Stefanie Rieger

HERDER
FREIBURG · BASEL · WIEN

3., überarbeitete Auflage 2019

Hermann-Herder-Str. 4, 79104 Freiburg

www.herder.de
Bei Fragen zur Produktsicherheit wenden Sie sich an
produktsicherheit@herder.de

An der Erstellung des Manuals haben mitgewirkt:
Elisabeth König
Marina Kuhr
Julia Lieske
Sophie Reppenhorst
Jutta Trautwein

Umschlaggestaltung: SchwarzwaldMädel, Simonswald
Layout, Satz und Gestaltung: Layoutsatz Kendlinger, Freiburg
Herstellung: Medienhaus Plump GmbH, Rheinbreitbach

Gedruckt auf umweltfreundlichem, chlorfrei gebleichtem Papier
Printed in Germany

ISBN 978-3-451-38382-3

Inhaltsverzeichnis

Teil III

Vorwort

BaSiK bedeutet **B**egleitende **a**lltagsintegrierte **S**prachentwicklungsbeobachtung **i**n **K**indertageseinrichtungen. Das standardisierte Beobachtungsverfahren gibt einen umfassenden Überblick über die sprachlichen Kompetenzen von Kindern bis zum sechsten Lebensjahr und liegt in einer Version für Kinder unter drei Jahren (***BaSiK***-U3-Version) und Kinder über drei Jahren (***BaSiK***-Ü3-Version) vor. Wird im Folgenden allein von ***BaSiK*** gesprochen, sind damit jeweils beide Versionen gemeint.

BaSiK wurde in den Jahren 2010 bis 2014 entwickelt und in den darauffolgenden Jahren weiter erprobt. Mehr als 2.500 Kinder aus sechs Bundesländern (Hessen, Baden-Württemberg, Rheinland-Pfalz, Hamburg, Niedersachsen und Nordrhein-Westfalen) wurden im Rahmen der Entwicklung des Verfahrens beobachtet und eingeschätzt. Über 250 pädagogische Fachkräfte aus rund 70 Kindertageseinrichtungen, Krippen und pädagogisch-therapeutischen Einrichtungen waren an diesem Entwicklungsprozess beteiligt. Im Rahmen der Zusammenarbeit und mithilfe der Expertise verschiedener Fachkräfte wurde ein wissenschaftlich fundiertes Beobachtungsverfahren erstellt, das auf einem umfassenden Verständnis von Sprache basiert. Neben aktuellen Erkenntnissen aus Linguistik, Mehrsprachigkeitsforschung, Entwicklungspsychologie und Frühpädagogik wurden auch die Überlegungen aus der derzeit in Wissenschaft, Praxis und Politik geführten Debatte um die Bedeutung einer alltagsintegrierten Sprachförderung und Sprachbildung in Kindertageseinrichtungen berücksichtigt.

In der vorliegenden 3. Auflage von ***BaSiK*** wurden einige inhaltliche Ergänzungen vorgenommen, die vor allem auf Rückmeldungen aus der Praxis zum Einsatz von ***BaSiK*** zurückzuführen sind. Diese finden sich in den Beobachtungsbögen wieder sowie in den Kapiteln „Konzeptioneller Hintergrund" (Kapitel 2) und „Beobachtung im pädagogischen Alltag" (Kapitel 3). Hier wird erläutert, wie das Verfahren in der Anwendung bei Kindern mit besonderen Bedarfen eingesetzt werden kann. Außerdem wurden die Stichproben der Norm- und Orientierungsgruppen erweitert und alle damit zusammenhängenden Analysen (Kapitel 6 & 7) aktualisiert. Nun liegen auch für die Gruppe der drei- und fünfjährigen Kinder mit Deutsch als Zweitsprache Normtabellen vor.

An der Entwicklung von ***BaSiK*** war ein interdisziplinäres Team meiner Arbeitsgruppen an der Universität Osnabrück und dem Niedersächsischen Institut für Frühkindliche Bildung und Entwicklung (nifbe) beteiligt. Hierzu gehören Carmen Huser, Elisabeth König, Marina Kuhr, Julia Lieske, Carolin Machens (geb. Eckrodt), Nadine Madeira Firmino, Ricarda Menke, Sophie Reppenhorst, Stefanie Rieger, Alina Tarner und Jutta Trautwein. Ihnen gilt mein herzlicher Dank für die inhaltliche Konzeptarbeit, die Datenerhebungen und -auswertung, die Erprobung und Modifizierung. ***BaSiK*** ist ein gemeinschaftliches Werk, das ohne die inspirierende Zusammenarbeit in diesem Team von Psychologinnen, Kindheitspädagoginnen, Linguistinnen und Klinischen Sprachheilpädagoginnen, Bewegungswissenschaftlerinnen, Motologinnen und Rehapädagoginnen nicht zustandegekommen wäre. Begleitet wurde die Entwicklungsarbeit an ***BaSiK*** durch den intensiven Austausch mit der Praxis, die Beratung von Expertinnen aus pädagogischer und therapeutischer Praxis sowie die wissenschaftliche Expertise von Kolleginnen und Kollegen. Ihnen allen gilt mein und unser herzlicher Dank!

Ein besonderer Dank geht an die Teams aus den zahlreichen Kindertageseinrichtungen, die sich an der Erprobung und Weiterentwicklung der aktuellen Auflage von BaSiK beteiligt haben. Eine Übersicht über die betreffenden Einrichtungen findet sich am Ende des Manuals. Ebenso danken wir den Multiplikatorinnen und Multiplikatoren alltagsintegrierter Sprachbildung und Beobachtung NRW, die diesen Prozess ebenfalls begleitet haben. Wir bedanken uns bei ihnen allen für die konstruktiven Hinweise, die kritische Durchsicht der Beobachtungsbögen und hilfreiche Rückmeldungen.

Renate Zimmer

Teil I

1. Einführung in *BaSiK*

Das vorliegende Manual enthält wesentliche Hintergrundinformationen zur Entwicklung und Anwendung von ***BaSiK*** zur prozessbegleitenden Beobachtung und zur Gestaltung eines sprachanregenden pädagogischen Alltags. Die Leserinnen und Leser erhalten im ersten Kapitel einen Einblick in das Bild des Kindes, auf dem ***BaSiK*** aufbaut, sowie einen Überblick über das Verständnis von Bildung und Sprache, auf dem das Verfahren gründet. Im zweiten Kapitel wird der konzeptionelle Hintergrund des Verfahrens thematisiert. Daran anschließend wird im dritten Kapitel Beobachtung als Methode mit ihren Herausforderungen und Vorteilen diskutiert.
Im zweiten Teil des Manuals wird zunächst der Aufbau des Beobachtungsverfahrens vorgestellt: Zu Beginn stehen Fragen zur (Sprach-)Biografie des Kindes im Vordergrund. Anschließend wird der Beobachtungsfokus auf die Basiskompetenzen gerichtet, die dem Spracherwerb vorausgehen. Hierauf aufbauend folgen Skalen (Kompetenzbereiche) zur Beobachtung ausgewählter Sprachbereiche. Neben der Erläuterung der Struktur von ***BaSiK*** wird zusätzlich in diesem Kapitel die Auswahl der Skalen beschrieben. Desweiteren werden die Besonderheiten bei der Beobachtung mehrsprachiger Kinder erläutert. Im darauffolgenden Kapitel werden die Durchführung und Auswertung behandelt. Das sechste und siebte Kapitel umfassen statistische Erläuterungen zu den Gütekriterien und der Stichprobenanalyse sowie der Normierung des Verfahrens.
Das Besondere an BaSiK ist das unmittelbare Ineinandergreifen von Beobachtung und Sprachbildung bzw. Sprachförderung. Diese Verbindung wird im dritten Teil des Manuals thematisiert. So beinhaltet das achte Kapitel exemplarische Sprachbildungssituationen. Sie knüpfen an die in den Basiskompetenzen und Sprachbereichen beobachtbaren Kompetenzen an und geben Hinweise für eine sprachanregende Gestaltung des pädagogischen Alltags.

1.1 Bild des Kindes

Pädagogisches Handeln ist immer davon abhängig, welches Menschenbild wir haben, welches Bild des Kindes unser Handeln leitet. Das Menschenbild, und damit verbunden die Haltung zum Kind, entscheidet über Inhalte und Methoden pädagogischen Wirkens.

Das Kind ist ein soziales Wesen. Es ist auf die Interaktion mit Anderen angewiesen und wird in seiner Entwicklung geprägt durch die Qualität seiner sozialen Beziehungen. Kinder entwickeln im täglichen Umgang mit Anderen soziale Fähigkeiten, die die Voraussetzung für das soziale Miteinander bilden. Sie übernehmen zunehmend soziale Verantwortung und lernen, mit Konflikten umzugehen. Positive soziale Erfahrungen tragen zur Entwicklung sozialer Kompetenzen bei. Hierfür sind Kinder auf ein Übungsfeld in einer sozialen Gemeinschaft angewiesen, in der sie Chancen zum Aufbau von Bindung und Beziehung haben (Zimmer 2014a).

Das Kind ist ein Bewegungswesen. Es ist auf Wahrnehmung und Bewegung angewiesen, um sich ein Bild von sich selbst zu machen, die eigenen Fähigkeiten einzuschätzen und sich die Welt aktiv anzueignen. Dabei spielen insbesondere die körpernahen Sinne eine wichtige Rolle: Wahrnehmung über die Körpersinne, die Haut, über die Bewegung und das Gleichgewichtsempfinden, die Wahrnehmung der eigenen Position und Lage im Raum vermitteln dem Kind ein Bild von der Welt und von sich selbst in ihr. Sowohl über Bewegung als auch über Sprache teilt sich das Kind mit, äußert Bedürfnisse und tritt mit seiner Umwelt in Interaktion (Zimmer 2014a).

Das Kind ist ein von Anfang an aktiv lernendes, kompetent handelndes Wesen, das seine eigene Entwicklung vorantreibt und seine Umwelt deutet (Hasselhorn et al. 2017). Es lernt, mit Gegenständen, aber auch mit Sprache zu handeln. Dabei benötigt das Kind Bezugspersonen, die es in seinem Bedürfnis nach forschendem und entdeckendem Lernen unterstützen, die ihm Anregungen und Herausforderungen geben und damit neue Erfahrungsmöglichkeiten eröffnen (Zimmer 2014b).

Ein solches Menschenbild führt zu einem Bildungsverständnis, das Sprache sowie Bewegung als elementare Handlungs- und Ausdrucksformen des Kindes in den Vordergrund der pädagogischen Arbeit stellt. Über einen körper- und handlungsorientierten Zugang kann die sprachlich-kommunikative Entwicklung der Kinder unterstützt werden. Eine Förderung, die auf dem genannten Menschenbild basiert, berücksichtigt einerseits die Selbstbildungsprozesse des Kindes, stützt sich aber auch auf die anregende und begleitende Rolle der pädagogischen Fachkraft durch Angebote und Herausforderungen (vgl. Zimmer 2010, 2016[1]).

[1] *BaSiK* baut auf einem Verständnis von Sprache auf, das in dem „Handbuch Sprachförderung durch Bewegung" (Zimmer 2009) und in dem „Handbuch Bewegung und Sprache" (Zimmer 2016) begründet wird. Die vorliegende Auflage des Manuals gibt als Literaturquelle nur noch die Neuauflage von 2016 an.

1.2 Auffassung von Bildung

Bildung wird verstanden als ein sozialer Prozess, an dem auch die Eltern, pädagogische Fachkräfte und andere Kinder beteiligt sind. Bildung beginnt bereits mit der Geburt und setzt sich ein Leben lang weiter fort. Von klein auf bildet das Kind Theorien, die es durch eigenes Handeln überprüft und entsprechend seinen Erfahrungen modifiziert. Anknüpfend an das Bild des Kindes als aktiv lernendes, kompetent handelndes und soziales Wesen erfolgt Bildung selbst initiiert, ist jedoch auch abhängig von den Erfahrungen, die das Kind in der Auseinandersetzung mit seiner sozialen, dinglichen und kulturellen Umgebung macht (Zimmer 2016).

Für den Bildungsprozess ist ein Umfeld erforderlich, das die Anlagen und Fähigkeiten des Kindes unterstützt und anregt (Zimmer 2012a; Becker-Mrotzek & Roth 2017). Die Aufgabe der Bezugspersonen ist es, diese Umgebungsbedingungen bereitzustellen (Zimmer 2014a). Das Ansetzen an der Erlebniswelt des Kindes und an seinen Stärken steht dabei im Vordergrund. In Anlehnung an das Bild des Kindes sind Bildungsprozesse so zu gestalten, dass Sachverhalte weniger über Sekundärerfahrungen der erwachsenen Bezugspersonen vermittelt werden, sondern vielmehr durch eigenes Handeln und die Beteiligung unterschiedlicher Sinne erworben werden (vgl. Zimmer 2016).

Für das Kind sinnvolle Handlungs- und Bewegungserfahrungen bieten den Zugang zu Bildungsprozessen. So weist Wehrmann (2003) darauf hin, dass Bewegungserfahrungen die Grundlage und damit auch Ansatzpunkte zur Bildung genereller und sprachlicher Kompetenzen darstellen. Über die Bewegung – die elementare Handlungs- und Ausdrucksform des Kindes – wird die sprachlich-kommunikative Entwicklung unterstützt.

1.3 Auffassung von Sprache

Sprache gilt als Schlüsselkompetenz, die in allen Bildungsbereichen Berücksichtigung finden soll. Dieser Auffassung zugrunde liegt ein Bildungsverständnis, welches das Kind als aktiven Gestalter seiner Bildung und Entwicklung betrachtet. Die frühkindliche Entwicklung wird als ein Prozess verstanden, „der geprägt ist durch die aktive sinnliche Aneignung der Welt, die eingebettet ist in soziale Interaktionen des Kindes mit seiner Umwelt. Grundlage sozialer Interaktionen ist die Fähigkeit des Kindes, Beziehungen zu anderen aufzunehmen und sich mit ihnen zu verständigen. Dies geschieht vom ersten Lebenstag an über verbale, aber auch über non-verbale Ausdrucksmittel, durch Gestik und Mimik, durch die Körpersprache" (Zimmer 2016, S. 24). Bruner (2002) weist darauf hin, dass Kinder mit dem Sprechen die Kultur, in der sie leben, erlernen. Erwachsene geben die Kultur an die Kinder weiter, auch beim Spracherwerb kommt ihr auf jeder Stufe eine wesentliche Bedeutung zu. Damit vergleichbar, sind auch Wahrnehmungsprozesse und Bewegungshandlungen von Kindern kulturell und sozial geprägt. Mimik und Gestik – die Mittel der Körpersprache – sind kulturspezifisch determinierte persönliche Ausdrucksmittel, die im sozialen Kontext erworben werden. Sprache wird nach diesem Verständnis nicht in punktuellen, kontextungebundenen Situationen erworben, sondern baut auf dialogreichen sinnhaften Interaktionen auf, in denen an das Interesse und die Bedürfnisse des Kindes angeknüpft wird.

Entwicklungspsychologisch betrachtet sind Körpererfahrungen Voraussetzungen für den Spracherwerb. Mit der Erweiterung des Bewegungsradius in der kindlichen Entwicklung macht das Kind neue sinnliche, über den Leib erfahrene Entdeckungen in der sozialen und materiellen Umwelt, die als Repräsentationen in der verbalen Sprache wieder auftauchen und schließlich aktiv verwendet werden.

2. Konzeptioneller Hintergrund

Im folgenden Kapitel wird das Konzept der alltagsintegrierten Sprachbildung und -förderung erläutert, das die Grundlage für ***BaSiK*** bildet. Anschließend werden die sprachlichen Ebenen aufgeführt, die das Konzept umfasst. Da Sprachbildung und -förderung immer im Rahmen einer sozialen Interaktion stattfinden, werden soziale Einflüsse auf die Sprachentwicklung beschrieben. Auch die Rolle der pädagogischen Fachkräfte innerhalb alltagsintegrierter Sprachbildungsprozesse sowie der Umgang mit Mehrsprachigkeit finden in diesem Kapitel Berücksichtigung.

2.1 Alltagsintegrierte Sprachbildung und -förderung

Die Unterstützung der kindlichen Sprachentwicklung stellt eine zentrale Bildungsaufgabe dar. Wurde vor einiger Zeit jegliche Unterstützung der Sprachentwicklung von Kindern – sowohl durch additive als auch alltagsintegrierte Konzepte – unter dem Begriff der „Sprachförderung" zusammengefasst, werden die Zielgruppen und Förderinhalte inzwischen differenziert, und es wird zwischen den Begriffen Sprachbildung und Sprachförderung unterschieden (vgl. Becker-Mrotzek & Roth 2017; Wolf et al. 2011; Albers 2011).

Sprachbildung – Alle Kinder bilden und unterstützen
Alltagsintegrierte Sprachbildung wird in ***BaSiK*** als ein durchgängiges Prinzip verstanden, welches sich durch den pädagogischen Alltag zieht und alle Kinder der Gruppe bzw. der Einrichtung erreicht. Sie umfasst damit die sprachbewusste und sprachanregende Gestaltung des pädagogischen Alltags in Kindertageseinrichtungen (Licandro & Lüdtke 2013). Sprachbildung erfolgt nicht wahllos und zufällig, sondern absichtlich und gezielt (Becker-Mrotzek & Roth 2017). Ob beim gemeinsamen Frühstück im Gruppenraum, beim Rollenspiel in der Puppenecke oder beim Experimentieren im Sandkasten – im Alltag einer Kindertageseinrichtung entstehen jeden Tag zahlreiche Möglichkeiten für Sprachbildung, die erkannt, genutzt und reflektiert werden müssen.

Bei der alltagsintegrierten Sprachbildung handelt es sich nicht um ein Konzept mit vorgegebenen Materialien oder Zeiten; Sprachbildung sollte vielmehr in den pädagogischen Alltag integriert werden und sich an den individuellen Ressourcen und Interessen der Kinder orientieren. Die pädagogischen Fachkräfte nehmen dabei die wichtige Rolle des Sprachvorbildes ein und stellen eine sprachanregende Umwelt bereit (Albers 2011). Eine alltagsintegrierte Sprachbildung sollte sowohl in der Gesamt- als auch in der Kleingruppe stattfinden und Angebote anderer Bildungsbereiche aufgreifen, um individuelle Zugänge zu den Kindern zu finden. Solche Angebote sind vor allem für die Kinder von Vorteil, die zunächst Schwierigkeiten mit der verbalen Kommunikation haben und über andere Bildungsbereiche auf ihren bestehenden sprachunabhängigen Kompetenzen aufbauen können.

Sprachförderung – Besondere Bedarfe berücksichtigen
Nach Kammermeyer und Roux (2013) sind mit Sprachförderung pädagogische Handlungen gemeint, die sich besonders an Kinder richten, bei denen bereits sprachliche Auffälligkeiten bekannt sind oder die einen erschwerten Zugang zur (deutschen) Sprache haben und dadurch ein erhöhtes Risiko für ungünstige Entwicklungs- und Bildungsverläufe aufweisen (Sallat et al. 2017). Hierbei handelt es sich um gezielte und strukturierte pädagogische Angebote, die auf eine Erhöhung des sprachlichen Inputs in bestimmten Sprachentwicklungsbereichen, wie zum Beispiel im Wortschatz oder auf Ebene der phonologischen Bewusstheit, ausgerichtet sind und zunächst eine Erweiterung des sprachlichen Handelns von Kindern verfolgen sollten (vgl. Panagiotopoulou 2016).

Fanden solche Angebote in der Vergangenheit außerhalb des pädagogischen Alltags in festen Kleingruppen, zu bestimmten Zeiten und mit spezifischen Inhalten und zugehörigem Material statt (Lisker 2011), wird mittlerweile auch im Kontext von Sprachförderung ein alltagsintegrierter Ansatz verfolgt, bei dem Maßnahmen an der Lebenswelt und den Ressourcen der Kinder zu orientieren sind und der auch Kinder mit einbezieht, die als Sprachvorbild agieren (vgl. Sallat et al. 2017). Diese Entwicklung lässt sich vor allem mit der fehlenden Wirksamkeit der klassischen Sprachförderprogramme (vgl. Hofmann et al. 2008) und den demgegenüber effektiveren Bedingungen alltagsintegrierter Sprachbildung begründen (vgl. Gagarina et al. 2014; Egert & Hopf 2016).

Dabei wurden Effekte vor allem für solche alltagsintegrierten Maßnahmen gefunden, die auf die Interaktionsqualität abzielen und in denen Sprachbildungsstrategien (siehe Kapitel 8.1) zum Tragen kommen (Ennemoser, Kuhl & Pepouna 2013). In diesem Prozess ist auch der Einbezug der Eltern (ggf. durch ergänzende Elternprogramme) unerlässlich, damit die (mehr-) sprachlichen Kompetenzen der Kinder auch außerhalb der Kita angemessen gefördert werden. Besteht ein anhaltender Verdacht auf eine Sprachentwicklungsstörung (z.B., wenn Kinder trotz intensiver (deutsch-)sprachlicher Unterstützung (> 1,5

Jahre) immer noch Verzögerungen in ihrer Sprachentwicklung aufweisen), sind Maßnahmen der Sprachbildung oder Förderung nicht ausreichend. In solchen Fällen sollten Logopäden oder Sprachtherapeuten zurate gezogen werden (Scharff Rethfeld 2013).

In ***BaSiK*** wird überwiegend die Begrifflichkeit „alltagsintegrierte Sprachbildung" verwendet, da es vor allem die authentischen Situationen des pädagogischen Alltags sind, die Aufschluss über die tatsächlichen sprachlichen und kommunikativen Kompetenzen eines Kindes geben können. Es wird eine sprachbewusste und sprachanregende Gestaltung des pädagogischen Alltags in Kindertageseinrichtungen angestrebt, die auf die Unterstützung der Sprachentwicklung aller Kinder ausgerichtet ist. Hierbei wird jedoch anerkannt, dass bestimmte Kinder weiterreichende und ganz gezielte pädagogische Angebote benötigen, um (potenziellen) Sprachentwicklungsproblemen entgegenzuwirken. Nach derzeitigem Stand der Forschung profitieren diese am meisten von einer intensiveren Form alltagsintegrierter Sprachbildung, also von einer alltagsintegrierten Sprachförderung.

2.2 Ebenen der Sprachentwicklung

Die Sprachentwicklung eines Kindes verläuft auf mehreren unterscheidbaren sprachlichen Ebenen – somit umfasst die alltagsintegrierte Sprachbildung und -förderung ebenfalls alle Sprachbereiche.

Weinert und Grimm (2018) unterscheiden zwischen prosodischen (Betonung, Sprachrhythmus), linguistischen (Bildung der Sprachlaute, Wortbedeutungen, Satzbildung etc.) und pragmatischen Kompetenzen (kommunikativer Gebrauch der Sprache), die ein Kind erwerben muss. Der Einstieg in den Spracherwerb erfolgt über die Entwicklung prosodischer Fähigkeiten. Säuglinge reagieren sensibel auf die prosodischen Merkmale der Sprache, zum Beispiel erkennen sie die Stimme der Mutter anhand des Klangs und der Sprachmelodie. Die Elemente der linguistischen Kompetenzen Phonetik/Phonologie, Semantik/Lexikon sowie Morphologie/Syntax werden in der Entwicklung nicht unabhängig voneinander erlernt, vielmehr, so Bruner (2002), sind sie eng miteinander verbunden. Die phonetischen und phonologischen Kompetenzen beschreiben hierbei die Sprache auf der Ebene der Laute bzw. der Aussprache. Während bei der Phonetik vor allem die Bildung der Laute und die Physiologie des Sprechens im Mittelpunkt stehen, muss das Kind im Bereich der Phonologie Laute in ihrer sprachfunktionellen Funktion wahrnehmen und verwenden lernen. Die semantisch-lexikalische Entwicklung beinhaltet das Verstehen und aktive Produzieren von Wörtern sowie den Erwerb von Wortbedeutungen. Im Bereich Morphologie und Syntax muss das Kind Regeln der Grammatik, wie die Wortstellung im Satz oder die Wortbildung, verinnerlichen und anwenden (Wendlandt 2016). Pragmatische Kompetenzen umfassen das Vermögen, Sprechhandlungen im Rahmen einer Interaktion auszuführen und zu interpretieren. Damit Interaktionen aufrechterhalten werden können, müssen kommunikative Regeln und Fähigkeiten, wie zum Beispiel das Einhalten des Rollenwechsels beim Sprechen oder das Aufnehmen und Halten des Blickkontakts, erlernt werden (vgl. Zimmer 2016).

2.3 Sprache entsteht durch soziale Interaktion

Nach Bruner (2002) bedarf die sprachliche Entwicklung (mindestens) zweier Menschen, die miteinander interagieren. Sprachbildungsprozesse finden dabei immer im Rahmen einer sozialen Interaktion statt. Kinder erwerben Sprache, um mit ihrer sozialen Umwelt kommunizieren zu können (vgl. Wendlandt 2016). Die Motivation, sprechen zu lernen, bildet sich also aus dem Bedürfnis heraus, zunächst mit Bezugspersonen und später auch mit der Gruppe der Gleichaltrigen (Peergroup) kommunizieren und eigene Gedanken, Wünsche, Bedürfnisse und Gefühle mitteilen zu können. Erwachsene, sowohl die Eltern als auch die pädagogischen Bezugspersonen, steuern den Spracherwerbsprozess intuitiv, indem sie dem Kind auf seinen verschiedenen Entwicklungsstufen passende Sprachangebote bereitstellen.

In den ersten drei Lebensjahren nehmen vor allem Eltern als wichtigste Bezugspersonen großen Einfluss auf die Sprachentwicklung des Kindes. Die Sprache, die sie an ihre Babys bzw. kleinen Kinder richten, unterscheidet sich von der Sprache, in der sich Erwachsene untereinander bzw. mit älteren Kindern unterhalten. Die Besonderheiten und Eigenarten dieser speziellen Sprache variieren nach Siegert und Ritterfeld (2000) je nach Entwicklungsniveau des Kindes, wobei sich auch ihre Bedeutung für die Unterstützung des erfolgreichen kindlichen Spracherwerbs verändert.

Innerhalb des ersten Lebensjahres wird hier von der Ammensprache („Babytalk") gesprochen, die durch eine erhöhte und variationsreiche Stimmlage, überdeutliche Betonung, Vokaldehnung und deutliche Rhythmisierung der Sprache charakterisiert ist (vgl. Weinert & Grimm 2008). Die im ersten Lebensjahr stattfindende (vorsprachliche) Interaktion zwischen Bezugsperson und Kind kann als ein eigenes Kommunikationssystem betrachtet werden, das unter anderem die grammatikalisierte Sprache vorbereitet. Bereits hier entstehen wechselseitige Muster eines Dialoges, zum Beispiel im Aufnehmen, Halten oder

Vermeiden des Blickkontakts oder beim aufeinander bezogenen Vokalisieren (gegenseitiges Nachahmen und Erweitern von Lauten und Lautverbindungen) (vgl. Szagun 2016).

Im zweiten Lebensjahr des Kindes erhält die Erwachsenensprache in erster Linie die Funktion des Wortschatzaufbaus und wird als „stützend" (scaffolding) bezeichnet. Im dritten Lebensjahr kommt die lehrende Sprache („motherese") zum Tragen, mit der Sprachlehrstrategien eingesetzt werden, die vor allem der grammatikalischen Entwicklung dienen. Durch Modellierungstechniken werden zum Beispiel die kindlichen Äußerungen aufgegriffen, vervollständigt, erweitert und korrigiert. Voraussetzung sowohl für sprachliche als auch kommunikative Fortschritte ist die Anpassung des Sprachniveaus seitens des Erwachsenen (Ritterfeld 2005).

Mit Eintritt in die Kindertageseinrichtung nehmen zunehmend pädagogische Fachkräfte (siehe Kapitel 2.4) und die Peergroup Einfluss auf die Sprachentwicklung. Im Kontakt mit anderen Kindern lernt das Kind, seine Bedürfnisse und Ziele zu äußern und auf andere abzustimmen. Um Interaktionen mit der Peergroup, zum Beispiel in einem gemeinsamen Spiel, zu initiieren und aufrechtzuerhalten, müssen Zugangsstrategien, wie Initiation (Aufnahme einer Interaktion) und Responsivität (Antwortbereitschaft), erworben werden, die größtenteils einen sprachlich-kommunikativen Charakter aufweisen (vgl. Albers 2009; Licandro & Lüdtke 2013). Ein aussagekräftiger Orientierungspunkt bei der Planung von Sprachbildungsprozessen besteht nach Albers (2011) demnach darin, in welchem Ausmaß sich ein Kind im allgemeinen Kontakt und im Spiel mit anderen Kindern einbringt.

2.4 Die Rolle der pädagogischen Fachkraft

Die Sprachentwicklung von Kindern hängt in erheblichem Maße von dem Kontext ab, in dem sie stattfindet. Für den optimalen Verlauf des kindlichen Spracherwerbs sollte die natürliche Interaktion im Alltag genutzt werden, abgestimmt auf das Kind und dessen Lernvermögen (vgl. Siegert & Ritterfeld 2000). Die pädagogischen Fachkräfte können durch ihre sprachförderliche Grundhaltung und die gezielte Anwendung von Sprachbildungsstrategien (siehe Kapitel 8.1) die Sprachentwicklung positiv unterstützen.

Eine sprachförderliche Grundhaltung bezieht sich nicht nur auf die sprachliche Kommunikation, sondern auch auf die Berücksichtigung der Bedeutung des Körpers für die Kommunikation. Innerhalb dieser laufen unbewusste physische und psychische Abstimmungsprozesse ab. Sie finden wechselseitig statt: So löst das Kind bei der pädagogischen Fachkraft eine Resonanz aus, die Resonanz erfolgt aber auch umgekehrt. Die Resonanzprozesse werden zum Beispiel durch die Art und Weise, im Raum zu sein, die persönliche Ausstrahlung oder den Umgang mit Gefühlen ausgelöst, da Menschen in einem gemeinsamen zwischenmenschlichen Bedeutungsraum leben. Dieser ermöglicht uns, die Gefühle, Handlungen und Absichten anderer zu entschlüsseln und intuitiv zu verstehen (vgl. Bauer 2006). Die menschliche Fähigkeit zur Resonanz innerhalb eines Bedeutungsraums beruht auf der Annahme, dass die sozial verbindende Vorstellung nicht nur untereinander ausgetauscht, sondern im Gehirn des jeweiligen Empfängers auch aktiviert und spürbar werden kann. Nach Bauer (2006) ist hierfür das neuronale Spiegelnervenzellensystem zuständig. Diese Erkenntnisse zeigen, dass die Fähigkeit zur Abstimmung von Stimme, Mimik, Gestik, Blick, Berührung, Bewegung und Tonus auf die Sprache eine besondere Bedeutung hat. Die allgemeine Entwicklung des Kindes wird durch eine zugewandte, empathische Haltung der pädagogischen Fachkraft im Kita-Alltag positiv unterstützt. Diese Beziehungserfahrungen sind zudem wichtig für eine positive Persönlichkeitsentwicklung des Kindes.

Durch die hohe Bereitschaft zur kindlichen Imitation sollte sich die pädagogische Fachkraft immer ihrer (sprachlichen) Vorbildfunktion bewusst sein (Bauer 2006). Dadurch kann dem Kind zum einen der Spaß an Kommunikation vorgelebt werden, das Kind wird durch eine eindeutige Mimik, Gestik und Stimmintonation in der Sprachentwicklung unterstützt. Zum anderen sollte sich die pädagogische Fachkraft auch der Wirkung ihrer Stimme und Stimmung auf ihre Umgebung und im Besonderen auf die Kinder bewusst sein und diese reflektieren. So kann die gute (oder schlechte) Laune eines Mitmenschen zu unserer eigenen guten (oder schlechten) Laune werden (Bauer 2006). Diese Wechselwirkung der Stimmung kann sich ebenfalls auf die Atmosphäre und die Stimmung im Alltag übertragen.

Läuft die Sprachentwicklung bei einem Kind verzögert ab, reagieren die Bezugspersonen oft nicht mehr intuitiv auf das Kind. Sie verändern infolge von Sorge, Unsicherheit oder durch Bemühen ihr sprachliches Verhalten. So sprechen sie zum Beispiel weniger oder fordern das Kind zu Wortwiederholungen auf, reden ununterbrochen oder setzen das Kind unter Erfolgsdruck. Für alle Kinder, aber insbesondere für Kinder mit (Sprach-)Schwierigkeiten, ist eine flexible Anpassung der Sprechweise an die kindlichen Bedürfnisse und das jeweilige Entwicklungsniveau wichtig (vgl. Buschmann 2009). Indem die (pädagogischen) Bezugspersonen ihr (sprachliches) Verhalten stets an den kindlichen Entwicklungsstand bzw. an das nächsthöhere Entwicklungsniveau anpassen, werden Kinder in die Lage versetzt, sich auf diese nächste Zone hinzubewegen. Vygotsky (1978) nennt dies das Anpassen an die „nächste Zone der Entwicklung", also an das Gebiet der noch nicht ausgereiften, jedoch reifenden

Entwicklungsprozesse. Wird nicht nur darauf geachtet, was das Kind bereits alleine kann, welche Kenntnisse und Fähigkeiten es bereits besitzt, sondern auch danach gefragt, welche Entwicklungsschritte nun anstehen, was die „Zone der nächsten Entwicklung" des Kindes ist, entstehen viele Gelegenheiten, ein Kind (sprachlich) zu unterstützen und zu fördern. Werden Kinder in diesem Bereich gezielt begleitet, beobachtet und unterstützt und ihnen auch komplexere Aufgaben zugetraut, kann ihre (Sprach-)Entwicklung schneller voranschreiten (vgl. Textor 1999). In diesen Fällen sollte somit immer wieder das eigene Verhalten (im Team) reflektiert werden.

2.5 Mehrsprachigkeit

Mehrsprachigkeit stellt weltweit die Regel, nicht die Ausnahme dar. Bundesweit wächst jedes dritte Kind unter fünf Jahren mehrsprachig auf (Rothweiler & Ruberg 2011). Für kleine Kinder stellt dies generell keine große Schwierigkeit dar, das Risiko für eine Sprachentwicklungsstörung ist nicht erhöht (Kannengieser 2015). Mehrere Sprachen sicher zu beherrschen kann in der heutigen globalisierten Gesellschaft zudem eher als Vorteil angesehen werden. Die Unterstützung der Sprachentwicklung in allen zu erwerbenden Sprachen ist daher bereits im frühen Kindesalter entscheidend. Da mehrsprachige Kinder im häuslichen Umfeld meist mit einer oder (mehreren) anderen Sprache(n) konfrontiert sind, stellt die Kindertagesbetreuung eine wichtige Quelle für den Erwerb des Deutschen dar. Nur durch ausreichenden und qualitativ hochwertigen Kontakt zur Sprache kann diese vollends erworben werden. Da die Beherrschung der deutschen Sprache als Schlüsselkompetenz für Bildungserfolg, insbesondere für Kinder mit Migrationshintergrund, gilt (Deutsches PISA-Konsortium 2001), ist die Begleitung des Spracherwerbs schon in der frühen Kindheit entscheidend.

Ziel von ***BaSiK*** ist es, auch mehrsprachige Kinder[2] von Beginn an im Rahmen einer alltagsintegrierten Sprachbildung in ihren sprachlichen Kompetenzen der Zweitsprache zu beobachten, zu begleiten und zu unterstützen. In den folgenden Abschnitten werden verschiedene Möglichkeiten des Spracherwerbs erläutert und Begrifflichkeiten geklärt, die für die Durchführung und Auswertung von ***BaSiK*** bei mehrsprachigen Kindern wichtig sind.

Deutsch als Erstsprache/Muttersprache (DaM)
Die häufigste Form des Spracherwerbs in Deutschland ist der einsprachige (monolinguale) Erwerb. Hierbei kommunizieren sowohl die engsten Bezugspersonen des Kindes (also meist Mutter und Vater) als auch die soziale Umgebung von Geburt an in derselben Sprache (Chilla & Fox-Boyer 2012). Deutsch wird somit als Muttersprache[3] (DaM) bzw. als Erstsprache erworben.

Doppelter Erstspracherwerb
Sind Kinder bereits im Vorschulalter zweisprachig (bilingual) oder mehrsprachig (multilingual), wird zwischen dem doppelten (simultanen) Erstspracherwerb und dem (frühen) sukzessiven Zweitspracherwerb unterschieden.
Beim simultanen Erwerb zweier Sprachen werden Kinder von Geburt an bzw. im Laufe der ersten zwei Lebensjahre von ihren Bezugspersonen in mehr als einer Sprache angesprochen oder kommen in ihrer Umgebung bereits sehr früh mit einer zweiten Sprache in Kontakt. Bei ausreichendem Sprachangebot verläuft der simultane Erwerb zweier Sprachen wie der Erstspracherwerb in jeder dieser Sprachen (Chilla, Rothweiler & Babur 2013). Nach Rothweiler und Ruberg (2011) entsprechen sowohl die Erwerbsschritte als auch die erreichbaren sprachlichen Fähigkeiten denen einsprachiger Kinder. Es kann deshalb von einem „doppelten Erstspracherwerb" gesprochen werden. Zweifellos ist es, laut Schulz und Tracy (2011), möglich, dass sich eine dieser Sprachen differenzierter und schneller entwickelt als die andere. Ein Ungleichgewicht in der Sprachentwicklung kann mit der Quantität und Qualität des Sprachangebots oder der wahrgenommenen Bedeutsamkeit der Sprachen im Alltag in Verbindung stehen.

Deutsch als Zweitsprache (DaZ)
Liegt der Erstkontakt eines Kindes mit der deutschen Sprache nach dem vollendeten zweiten Lebensjahr, wird von einem sukzessiven Erwerb zweier Sprachen gesprochen. Deutsch wird hier als Zweitsprache (DaZ) erlernt. Beim sukzessiven Zweitspracherwerb unterscheiden sich die Erwerbsphasen zunächst kaum vom einsprachigen Erwerb. Die Erwerbsprozesse werden allerdings dadurch beeinflusst, dass (bedingt durch die Erstsprache) bereits ein fundiertes Sprachwissen vorhanden ist. Auch stehen Kindern mit DaZ ein umfassenderes Weltwissen und ein weiter entwickeltes kognitives System zur Verfügung (Schulz & Tracy 2011). Sie können demnach beim Erwerb der Zweitsprache auf ihrem sprachlichen Vorwissen und ihren kognitiven Fähigkeiten aufbauen. Da die zweite Sprache oftmals erst bei Eintritt in die Kindertageseinrichtung hinzukommt, verfügen

[2] Die Bezeichnung „mehrsprachige Kinder" meint hier jene Kinder, „[...] die über eine weitere Kommunikationssprache in mindestens einer sprachlichen Modalität verfügen, unabhängig vom Grad der Beherrschung, welche sie im natürlichen Kontext erwerben" (Scharff Rethfeldt 2013, S. 28).

[3] Der Begriff Muttersprache wurde in der internationalen Literatur vorrangig durch die wertfreie Terminologie „Erstsprache" ersetzt (Scharff Rethfeldt 2013). Da der Begriff DaM in der deutschsprachigen Fachwelt jedoch stark etabliert ist, wird dieser auch in ***BaSiK*** als Kürzel weiterhin verwendet.

Kinder mit DaZ über ein verhältnismäßig geringes sprachliches Angebot in der Zweitsprache, und es steht ihnen bis zur Einschulung weniger Zeit zur Verfügung, diese zu erwerben (Rothweiler & Ruberg 2011).

Wird die Zweitsprache erst ab dem vierten Lebensjahr erworben, nimmt der sukzessive Erwerb, laut Rothweiler und Ruberg (2011), zunehmend die Eigenschaften des Zweitspracherwerbs Erwachsener (Fremdspracherwerb) an. So sind es besonders grammatikalische Aspekte von Sprache, die bei (doppelten) Erst- und späten Zweitsprachlernern unterschiedlich verarbeitet werden.

In ***BaSiK*** wird aufgrund statistischer Analysen (siehe Kapitel 7.1) nicht zwischen dem monolingualen und dem doppelten Erstspracherwerb unterschieden. Kinder, die die deutsche Sprache monolingual erwerben, und Kinder mit doppeltem Erstspracherwerb zählen demnach zu den Kindern mit DaM. Auch gibt es keine Differenzierung zwischen einem sukzessiven Spracherwerb vor oder nach dem vierten Lebensjahr. Alle Kinder, deren Erstkontakt mit der deutschen Sprache nach dem 23. Lebensmonat erfolgte, werden als Kinder mit DaZ definiert.

3. Beobachtung im pädagogischen Alltag

Im Alltag der Kindertageseinrichtungen bilden Beobachtungen der kindlichen Entwicklung die Basis der pädagogischen Arbeit. Durch Beobachtungen gewinnen die pädagogischen Fachkräfte individuelle Eindrücke von den Interessen, Fähigkeiten und Stärken der Kinder. Sie können als Orientierung für die Gestaltung weiterer Bildungsprozessen dienen (vgl. Lueger 2009). Für die Beobachtung können unterschiedliche Vorgehensweisen gewählt werden, die sich nach Beobachtungsabsicht und Art der Beobachtungsdokumentation unterscheiden (vgl. Lamnek 2005). Beobachtet werden kann zum Beispiel in offenen (Spiel-)Situationen, die sich im Alltag der Kinder ergeben, oder in standardisierten Situationen, die durch die pädagogische Fachkraft hervorgerufen werden (vgl. Zimmer 2012a). Auch in der Art der Dokumentation von Beobachtungen kann auf vielfältige Möglichkeiten zurückgegriffen werden, die von freien Aufzeichnungen über Orientierungsleitfäden bis hin zu standardisierten Beobachtungsbögen reichen (vgl. Lamnek 2005). Je nach Beobachtungswunsch oder -ziel sind unterschiedliche Vorgehensweisen von Vorteil.

3.1 Wege der Beobachtung

Durch offene Beobachtungen, die häufig keine bestimmten Kompetenzen fokussieren, sondern eine ganzheitliche Dokumentation der kindlichen Entwicklung verfolgen, können bereits viele wichtige Informationen gesammelt werden. Das Kind wird bei dieser Form der Beobachtung in selbst gestalteten (Spiel-)Situationen, in denen es ungezwungen und selbstbestimmt handeln kann, beobachtet (vgl. Zimmer 2012a). Laut Schäfer (2004) können dabei die individuellen Besonderheiten der Kinder entdeckt werden, die in festgelegten, von den pädagogischen Fachkräften hervorgerufenen (Test-)Situationen unbeachtet bleiben könnten. Das Kind wird hier durch die ressourcenorientierte Haltung der pädagogischen Fachkraft und das Widerspiegeln der kindlichen Ressourcen in seinem Erleben von Selbstwirksamkeit und Selbstbewusstsein gestärkt (vgl. Zimmer 2014a).

Offene Beobachtungen werden meist über freie Aufzeichnungen, zum Beispiel anhand von Lerngeschichten oder Lerntagebüchern, dokumentiert (vgl. Bertelsmannstiftung 2007). In der offenen, ungerichteten Beobachtung sind jedoch nur die Kompetenzen beobachtbar, die vom Kind selbst gezeigt werden (vgl. Lamnek 2005). Häufig meiden Kinder jedoch gerade die Situationen oder Sprachanlässe, deren Anforderungen sie sich nicht gewachsen fühlen. Um umfassende Beobachtungen vorzunehmen, ist die offene Beobachtung als alleiniges Vorgehen somit nicht ausreichend (vgl. Zimmer 2012a). Dagegen bietet eine strukturierte Beobachtung anhand von Orientierungsleitfäden durch gewisse Vorgaben (z.B. bestimmte Beobachtungsaufgaben) einen inhaltlichen Rahmen für die Beobachtung spezifischer Entwicklungsbereiche (vgl. Jampert et al. 2011). Allerdings sind individuelle Entwicklungsverläufe meist nur eingeschränkt durch Orientierungsleitfäden beobachtbar (vgl. Lamnek 2005), da selten einheitliche Bewertungsmaßstäbe zur Verfügung stehen. Standardisierte Beobachtungsverfahren hingegen ermöglichen die systematische Beobachtung gezielter Entwicklungsbereiche und liefern individuelle Informationen über Entwicklungsverläufe (Lamnek 2005; Moosbrugger & Kelava 2012). Damit das Kind jedoch nicht in seinem authentischen, unbefangenen Handeln beeinflusst wird, sollten die Kompetenzen, die in standardisierten Beobachtungsverfahren erfragt werden, in kindgerechte Spielsituationen eingekleidet und dokumentiert werden (vgl. Zimmer 2012a). Hierzu sind in Kapitel 8.2 exemplarische Sprachbildungssituationen zu finden.

In der Anwendung von ***BaSiK*** können mehrere Formen der Beobachtung kombiniert werden. Die pädagogische Fachkraft kann so von den Vorteilen der unterschiedlichen Beobachtungswege profitieren. Sie kann sowohl solche Situationen beobachten, die von den Kindern gestaltet werden, als auch selbst alltagsnahe Gelegenheiten schaffen, die Aufschluss über die sprachlichen Kompetenzen geben. Obwohl es sich bei ***BaSiK*** um ein standardisiertes Beobachtungsverfahren handelt, sind die Items (Beobachtungsaufgaben) so angelegt, dass eine Beobachtung in authentischen Situationen des pädagogischen Alltags möglich ist und auf eine künstliche „Test"-Situation verzichtet werden kann. Eine Auswahl an exemplarischen Sprachbildungssituationen, die sich in der Regel auch zur Beobachtung verschiedener Kompetenzen eignen, ist in Kapitel 8.2 zu finden. Durch die wiederholte Beobachtung anhand von ***BaSiK*** können individuelle Entwicklungsverläufe beschrieben werden.

Wie bei allen Formen der Beobachtung sollte auch hier auf situative Einflüsse und die subjektive Perspektive (der beobachtenden pädagogischen Fachkraft) geachtet werden. Um diesen Einfluss möglichst gering zu halten, wird nachfolgend auf entsprechende Aspekte hingewiesen.

3.2 Was bei der Beobachtung beachtet werden muss

Die Beobachtung kindlicher Kompetenzen ist ein komplexer Prozess, der ein hohes Maß an Kenntnissen und Aufmerksamkeit erfordert, um letztlich die Kompetenzen dokumentieren zu können, die das Kind gezeigt hat (vgl. Jäger & Petermann 1999). Dabei ist es wichtig, sich bestimmter Einflüsse bewusst zu sein, um eine Verzerrung der Beobachtung weitestgehend zu vermeiden. Situative Einflüsse entstehen zum Beispiel durch die Tageszeit oder durch die Stimmung der Beobachterin bzw. des Beobachters sowie durch die des Kindes. Solche Einflüsse lassen sich durch die Beobachtung möglichst vieler und unterschiedlicher Situationen verringern. Somit kann ausgeschlossen werden, dass sich ein Ergebnis auf eine einzige Situation bezieht. Vielmehr wird durch die Beachtung vieler Situationen die eigentlich zu beobachtende Kompetenz des Kindes abgebildet.

Dennoch kann die Beobachtung durch weitere Effekte beeinflusst werden. Einige dieser Einflussfaktoren ergeben sich allein durch die Struktur und den Ablauf des Beobachtungs- bzw. Dokumentationsprozesses. So sollte zum Beispiel darauf geachtet werden, dass alle Beobachtungen mit der gleichen Aufmerksamkeit und Konzentration durchgeführt werden und somit zu gleichen Anteilen in die Bewertung einfließen. Außerdem sollten einzelne Sprachkompetenzen oder Items nicht vor dem Hintergrund vorangegangener Kompetenzen oder Items bewertet werden (vgl. Moosbrugger & Kelava 2012; Jäger & Petermann 1999). Zwar bauen die Items gewissermaßen aufeinander auf, dennoch sollte jedes Item für sich genommen beurteilt werden.

Weitere Einflussfaktoren können durch die Beziehung zwischen der Beobachterin bzw. dem Beobachter und dem Kind entstehen. So sollten Beobachterinnen und Beobachter bei der Dokumentation der Sprachkompetenzen darauf achten, dass ihr Urteil nicht durch die Sympathie zum Kind beeinflusst wird. Ebenso sollten gewisse Erwartungen, die vor dem Dokumentationsprozess bestehen, bewusst gemacht werden, sodass bei der Beobachtung auf diese geachtet werden kann (Moosburger & Kelava 2012). In Zweifelsfällen sollte sich die pädagogische Fachkraft mit Kollegen und Kolleginnen austauschen oder die Beobachtung zu einem anderen Zeitpunkt fortsetzen und gegebenenfalls wiederholen.

3.3 Vorteile von Beobachtungsverfahren

Neben den beschriebenen Einflüssen, die eine Beobachtung erschweren können, ergeben sich auch viele Vorteile, die eine Verwendung von Beobachtungsverfahren empfehlenswert erscheinen lassen. Im Unterschied zu stark strukturierten Testverfahren, wie etwa dem SETK 3-5 (Grimm 2015), besteht ein Vorteil zum Beispiel darin, das natürliche sprachliche Handeln des Kindes in authentischen, alltäglichen Situationen dokumentieren zu können. Dabei können Situationen sowohl vom Kind als auch von der pädagogischen Fachkraft gestaltet werden. Berücksichtigen Beobachtungsverfahren auch Besonderheiten, die im Spracherwerb von Kindern mit Deutsch als Zweitsprache auftreten können (z.B. eine kürzere Kontaktdauer zum Deutschen), ermöglichen sie eher eine faire bzw. ressourcenorientierte Dokumentation dieser Spracherwebsverläufe. Die Anwendung von deutschsprachigen Testverfahren bei Kindern mit Deutsch als Zweitsprache kann hingegen zu der falschen Diagnose einer Sprachentwicklungsstörung führen, die aus den noch ausstehenden Sprachkenntnissen in der (deutschen) Zweitsprache resultiert (vgl. Ennemoser, Pepouna & Hartung 2012) und nicht aus tatsächlich assoziierten Risikofaktoren.

Darüber hinaus liefern Beobachtungsverfahren wie ***BaSiK*** mehr als nur eine Momentaufnahme der sprachlichen Leistungen innerhalb einer künstlich herbeigeführten Situation. Sie bilden individuelle sprachliche Entwicklungsverläufe über eine längere Zeitspanne hinweg ab und verfolgen damit auch das Ziel, Bildungsprozesse des Kindes zu begleiten und zu dokumentieren. Damit sind sie weniger auf das einmalige Resultat einer Messung und vielmehr auf die Erfassung des individuellen Sprachentwicklungsprozesses ausgerichtet. Aus einer ressourcenorientierten Perspektive werden so die bereits erreichten Entwicklungsschritte sowie Entwicklungspotenziale abgebildet. Daraus lassen sich wiederum Schlüsse für die Umsetzung und Gestaltung von Sprachbildung im Alltag (siehe Kapitel 8) ziehen, um die kindliche Entwicklung zu unterstützen.

Gleichzeitig bietet der Einsatz von Beobachtungsverfahren auch Vorteile hinsichtlich der Qualifikation der pädagogischen Fachkräfte sowie der Reflexion ihres pädagogischen Handelns (Schulz & Cloos 2013). Übereinstimmend mit dieser Annahme fanden Klaudy und Stöbe-Blossey (2014) positive Effekte in der Sprachentwicklung von Kindern, die durch den kollegialen Austausch über die Anwendung von Beobachtungsverfahren bedingt waren. Dieser Befund deutet darauf hin, dass Beobachtungsverfahren die Sprachbildungskompetenz pädagogischer Fachkräfte steigern. Weitere Untersuchungen berichten über positive Rückmeldungen von Pädagoginnen und Pädagogen sowie den engeren Bezugspersonen bezüglich des Austauschs über die Entwicklung von Kindern sowie konzeptionelle und strukturelleVeränderungen, die sich durch die Arbeit mit Beobachtungsverfahren ergeben haben (Fröhlich-Gildhoff, Nentwig-Gesemann & Pietsch 2011; Weltzien & Viernickel 2012). Außerdem zeigten Weltzien und Viernickel (2012), dass Fachkräfte Zuwächse in ihrer Kompetenz zur Wahrnehmung und Unterstützung der kindlichen Entwicklungsprozesse erleben, wenn sie mit Beobachtungsverfahren arbeiten.

In der Erprobung von ***BaSiK*** empfanden die Pädagoginnen und Pädagogen den Einsatz hilfreich in Bezug auf eine differenzierte Dokumentation des gesamtsprachlichen Repertoires. So schilderten die Fachkräfte zum Beispiel, dass dadurch Stärken und Entwicklungspotenziale im Bereich Sprache bewusster wahrgenommen werden. Ebenso wurde dies als gewinnbringend für die Gestaltung individueller Sprachbildung gewertet, von der wiederum auch alle Kinder der Gesamtgruppe profitieren. Zudem wurden Diskussionen über die Sprachentwicklung einzelner Kinder sowie Sprachbildungsmaßnahmen im Team und mit den Eltern bzw. Bezugspersonen durch den Einsatz von BaSiK bereichert[4].

[4] Veröffentlichungen in Planung.

Teil II

4. Aufbau des Beobachtungsverfahrens

Im Folgenden wird der strukturelle Aufbau von ***BaSiK*** vorgestellt. Anschließend werden die einzelnen Skalen (Kompetenzbereiche) näher beschrieben und hinsichtlich ihres Einflusses auf die Sprachentwicklung erläutert. Ebenso werden hier die Marker und Orientierungspunkte für die Sprachentwicklung, wie sie in ***BaSiK*** vertreten sind, aufgezeigt. Das Kapitel schließt mit der Erläuterung der Elemente in ***BaSiK,*** bei denen Besonderheiten für Kinder mit Mehrsprachigkeit zu beachten sind.

4.1 Struktur

BaSiK ist durch drei Grundbausteine strukturiert, die aufeinander aufbauen. Wie in der nachfolgenden Abbildung dargestellt, sind dies die Fragen zum Kind, die Basiskompetenzen und die Sprachbereiche.

Abb. 1: Struktur von *BaSiK*

4.1.1 Fragen zum Kind

BaSiK beginnt mit der Erhebung persönlicher Informationen zu dem Kind und seiner sprachlichen Biografie. Die Fragen sollen der pädagogischen Fachkraft einen Überblick über das sprachliche Umfeld des Kindes geben. Um Hintergrundwissen zu erhalten, wird zum Beispiel auch gefragt, ob sich das Kind bereits in sprachtherapeutischer Behandlung befindet. Gegebenenfalls könnte die pädagogische Fachkraft dann weitere Informationen über eine Kooperation mit der entsprechenden therapeutischen Fachkraft einholen. Die Fragen zum Erst- und Zweitspracherwerb wurden aufgenommen, um die anschließenden Beobachtungen entsprechend des sprachlichen Inputs der deutschen Sprache interpretieren zu können und den Beobachtungsfokus auch auf die sprachlichen Kompetenzen in der Erstsprache des Kindes zu richten.

4.1.2 Basiskompetenzen

BaSiK liegt eine ganzheitliche Auffassung von Entwicklung zugrunde, die davon ausgeht, dass sich die Sprache durch ein Zusammenspiel verschiedener Bereiche der kindlichen Entwicklung bildet. Die Bereiche der kindlichen Entwicklung, die als Vorläufer für den Spracherwerb grundlegend sind, werden in ***BaSiK*** als sogenannte Basiskompetenzen gekennzeichnet. Damit die beobachtende Fachkraft die Vorläufer der Sprachentwicklung im Blick hat, wird der Beobachtungsfokus in ***BaSiK*** zunächst auf die Entwicklung entsprechender Basiskompetenzen gerichtet.

4.1.3 Sprachbereiche

Sprachwissenschaftlichen Erkenntnissen zufolge bildet sich Sprache, aufbauend auf den Basiskompetenzen, auf verschiedenen sprachlichen Ebenen. Hinsichtlich der Auswahl dieser einzelnen Sprachbereiche orientiert sich ***BaSiK*** an den linguistischen Erkenntnissen nach Weinert und Grimm (2018) (siehe Kapitel 2.2). Wie Abbildung 1 veranschaulicht, umfasst die Sprachsystematik in ***BaSiK*** demnach die Bereiche Semantik und Lexikon (Wortbedeutung und Wortschatz), Phonetik und Phonologie (Lautproduktion und Lautwahrnehmung), Prosodie (Betonung und Stimmmelodie), Morphologie und Syntax (Wortbildung und Satzbau) sowie Pragmatik (sprachliches Handeln).

Um die Aufmerksamkeit auch auf sprachliche Entwicklungsschritte zu richten, die in Verbindung mit anderen (Bildungs-) Bereichen unterstützt werden können, wurde in ***BaSiK*** zudem der Bereich Literacy aufgenommen. Die Berücksichtigung der kindlichen Literacy-Erfahrungen in ***BaSiK*** liegt auch darin begründet, dass sie besonders für Kinder, die aus einem sozial benachteiligten oder bildungsfernen Umfeld stammen, eine gute Möglichkeit darstellen, um Interesse an der Sprache zu gewinnen.

4.2 Beschreibung der Skalen (Kompetenzbereiche)

Für die Entwicklung sprachlicher Kompetenzen bedarf es zunächst der Ausbildung gewisser Vorläuferfähigkeiten. Nachfolgend werden die einzelnen Basiskompetenzen in ***BaSiK*** und, darauf aufbauend, die Bereiche der Sprachentwicklung im Hinblick auf ihre sprachbildende Funktion dargestellt.

4.2.1 Basiskompetenzen

Auditive Wahrnehmung
Die auditive Wahrnehmung ist für den Spracherwerb von besonderer Bedeutung, um Sprache und Sprachlaute aufnehmen, verarbeiten und zuordnen zu können (Weinert & Grimm 2018). Die Fähigkeit, selbst zu sprechen, setzt die Fähigkeit, Geräusche, Laute und Sprache wahrzunehmen, voraus. Die auditive Wahrnehmung eines Kindes ist sowohl von seiner Aufmerksamkeit (z.B. einer Geschichte folgen können) als auch von der Fähigkeit, Reize zu lokalisieren (z.B. hören, aus welcher Richtung das Gesprochene kommt) und zu filtern (z.B. ein Geräusch aus Nebengeräuschen heraushören), abhängig (Zimmer 2016). Eine gut ausgebildete auditive Wahrnehmung ist für den Spracherwerb folglich elementar.

Mundmotorik
Um sprechen zu können, werden ein entwickelter Sprechapparat und eine ausgebildete Muskulatur benötigt. Unter Sprechapparat werden das Zwerchfell, die Lungen, die Bronchien, der Kehlkopf und die Artikulationsorgane (Kiefer, Rachen, Nase, Mundhöhle, Gaumen, Zunge, Zähne und Lippen) gefasst. Die Artikulationsorgane werden dabei für eine verständliche Aussprache benötigt (Wendlandt 2016). Die Entwicklung der Mundmotorik und ihre willentliche Steuerung sind somit Voraussetzung für den Sprechvorgang. Unter den Items (Beobachtungsaufgaben) finden sich bewusst Fragen zur Mund- und Zahnhygiene des Kindes, da diese zwar auch als Indikator für phonetisch-phonologische Auffälligkeiten gelten kann, aber nicht muss (vgl. Weinrich & Zehner 2017).

Taktil-kinästhetische Wahrnehmung
Die taktil-kinästhetische Wahrnehmung umfasst die Fähigkeit zur Bewegungswahrnehmung sowie zur Kraft- und Spannungsregulation (vgl. Zimmer 2012b). Die Tasterfahrungen, die über die taktil-kinästhetische Wahrnehmung aufgenommen und verarbeitet werden, stellen eine Grundlage für den Wortschatzerwerb dar. Dieser weist eine inhaltliche Gliederung auf und gründet sich zunächst auf das, was für das Kind in der unmittelbaren Umgebung greifbar und manipulierbar ist. Über die taktil-kinästhetische Erforschung der Umwelt können Wortbedeutungen wie zum Beispiel leicht, schwer, rau oder rund tatsächlich „be-griffen" werden (Zimmer 2016). Darauf aufbauend werden im weiteren Verlauf der Sprachentwicklung zunehmend abstrakte, von der tatsächlichen Erfahrung unabhängige Wörter erworben. Auch für den Sprechvorgang ist eine ausgebildete kinästhetische Wahrnehmung relevant, um Mund- und Zungenbewegungen aufeinander abstimmen und steuern zu können. Durch die taktil- kinästhetische Wahrnehmung ist es zum Beispiel möglich, Laute zu bilden, die eine unterschiedliche Anspannung der Lippenmuskulatur und eine unterschiedliche Öffnung der Lippen erfordern (Weinrich & Zehner 2017).

Emotional-motivationale Kompetenzen
Auch emotionale und motivationale Faktoren haben Einfluss auf die Sprachentwicklung. So ist es für die Sprechmotivation und Sprachanbahnung von wesentlicher Bedeutung, ob ein Kind emotional stabil ist und mit sprachlichen Herausforderungen und Misserfolgen umgehen kann oder nicht. Fühlt es sich emotional angenommen und geborgen, strebt es nach Autonomie

und ist motiviert, sich neue sprachliche Kenntnisse und Fähigkeiten anzueignen. Ist ein Kind emotional nicht gefestigt und hat sich wenig als selbstwirksam erfahren, können natürliche Misserfolge in der Sprachentwicklung dazu führen, dass die Motivation zum Sprechenlernen aus Angst vor Rückschlägen ausbleibt und sich die Sprechfreude und das aktive Sprechen reduzieren bzw. ganz einstellen (Zimmer 2012a). Zur Unterstützung der Sprachentwicklung ist es wichtig, dass sich die Bezugspersonen auf das kindliche Bemühen und seine Freude an Sprache einlassen und die Versuche und Sprachspiele des Kindes freudig aufgreifen (Zimmer 2016). Insbesondere pragmatische Fähigkeiten bauen auf diesen Vorläuferkompetenzen auf.

Soziale Kompetenzen

Die Sprachentwicklung ist an soziale Interaktionen gebunden (siehe Kapitel 2.3). Kinder erwerben Sprache, um mit ihrer sozialen Umgebung kommunizieren zu können. Um bei einem Gespräch nicht „aneinander vorbeizureden", sind gewisse soziale Kompetenzen erforderlich. Nur im sozialen Kontakt kann das Kind zum Beispiel Wissen darüber erwerben, dass man auf Fragen antwortet, sich aufeinander bezieht und es immer einen Wechsel der Zuhörer- und Sprecherrolle gibt (vgl. Hansen & Heidtmann 2004). Die Entwicklung dieser sozialen Kompetenzen setzt voraus, dass das Kind die Perspektive seines Gegenübers einnehmen und sich einfühlen kann.

4.2.2 Sprachbereiche

Sprachverständnis

Das Sprachverständnis geht dem Sprechen, also dem aktivem Sprachgebrauch, voraus. Dennoch kann man nicht von dem sprachlosen Kind sprechen, denn der Säugling nimmt Sprache wahr und kommuniziert, lange bevor er diese verbal bewusst produziert. Einzelne Sachverhalte werden in der Entwicklung zunehmend miteinander verknüpft, sodass sie einen Sinn ergeben. Aufbauend auf einem Sprachverständnis, das sich vorerst nur auf bestimmte Situationen oder Wörter in der Gegenwart bezieht, entwickelt das Kind ein abstraktes, kontextungebundenes Sprachverständnis, das die Grundlage für das aktive Sprechen bildet (vgl. Wendlandt 2016). Diese Kompetenzen, also die Unterscheidung von kontextgebundenem und kontextungebundenem Sprachverständnis, stellen unter anderem einen Beobachtungsteil in den Skalen von ***BaSiK*** zum Sprachverständnis dar.

Semantisch-lexikalische Kompetenzen

Unter den Begriffen Semantik und Lexikon sind die Wortbedeutung und der Wortschatz zu verstehen. Der Wortschatz umfasst sowohl das Verstehen von Wörtern (passiver Wortschatz) als auch das sprachliche Anwenden der Wörter (aktiver Wortschatz). Die Aneignung des passiven und aktiven Wortschatzes stellt für das Kind eine elementare Entwicklungsaufgabe dar, die gekoppelt ist an unterschiedliche Voraussetzungen, wie zum Beispiel an die kognitive Entwicklung (Szagun 2007). Der passive Wortschatz setzt vor dem aktiven Wortschatz ein, welcher sich in der Regel mit einem Jahr zu bilden beginnt.

Die beiden Versionen von ***BaSiK*** für Kinder unter drei Jahren (U3) und über drei Jahren (Ü3) befassen sich mit Beobachtungen zur Qualität des sprachlichen Outputs. So werden in ***BaSiK*** vorrangig Fragen gestellt, die sich den verschiedenen Wortarten widmen, jedoch wird auch die Anzahl der vom Kind produzierten Wörter abgefragt. Das schnelle Wortlernen im dritten Lebensjahr (Fast-Mapping) ist zum Beispiel ein wichtiger Indikator für den späteren Spracherwerb. Mit Vollendung des zweiten Lebensjahres sprechen Kinder in aller Regel 200 Wörter aktiv (siehe Kapitel 4.2.3). Auch die Bildung von Zweiwortsätzen stellt einen wichtigen Meilenstein dar und weist auf den Zusammenhang von Wortschatz und Grammatik hin. Erst wenn ein Kind genügend Wörter aktiv beherrscht, ist es in der Lage, erste grammatikalische Strukturen anzuwenden (Bates & Goodman 1999).

Phonetisch-phonologische Kompetenzen

Unter Phonetik ist unter anderem die Artikulation und Produktion von Lauten zu verstehen. Sie beschreibt, wie die Laute beim Sprechen erzeugt werden. Um ein "b" zu bilden, sind zum Beispiel die Lippen so zusammenzupressen, dass der Luftstrom beim Sprechen „explosiv" entweichen kann. Ein Kind muss in seiner Sprachentwicklung lernen, je nach Erstsprache, zwischen 40 und 70 unterschiedliche Laute zu bilden (Szagun 2016). Es muss sie jedoch nicht nur produzieren können, sondern auch lernen, sie in ihrer bedeutungsunterscheidenden Funktion zu verwenden. Dafür benötigt das Kind phonologische Kompetenzen. Unter Phonologie wird die Lautwahrnehmung und -unterscheidung zusammengefasst. Sie ist für die Bedeutung der Wörter entscheidend. Ein "l" muss zum Beispiek von einem "r" unterschieden werden können, um den Bedeutungsunterschied zwischen „Lampe" und „Rampe" zu begreifen (vgl. Szagun 2016; Weinrich & Zehner 2017).

Sowohl in der ***BaSiK***-U3-Version als auch in der ***BaSiK***-Ü3-Version werden Fragen zu der Beherrschung der Laute innerhalb der drei Artikulationszonen gestellt, da diese Hinweise für eventuelle phonetische Auffälligkeiten geben können. In der Entwicklung der phonetisch-phonologischen Kompetenzen sind übergangsweise Vereinfachungsprozesse zu beobachten. Noch nicht beherrschte Laute werden systematisch durch bekannte ersetzt oder ausgelassen (ein Kind sagt dann z.B. „Dabel" anstatt „Gabel" oder „Toffel" anstatt „Kartoffel"). Kany und Schöler (2010) beschreiben, dass Kinder gegen Ende der Kindergartenzeit in der Regel alle Laute beherrschen und sie in ihrer bedeutungsunterscheidenden Funktion anzuwenden wissen.

Prosodische Kompetenzen

Neben den rein linguistischen Sprachbereichen erfasst ***BaSiK*** auch prosodische Kompetenzen. Die Prosodie umfasst Melodie, Tonhöhe, Betonung, Rhythmus, Klang und Lautstärke des Gesprochenen. Die Wahrnehmung und der Einsatz der prosodischen Kompetenzen sind deswegen so grundlegend, weil sie entscheidenden Einfluss auf den Sinn einer Aussage haben. An dem Verlauf der Tonhöhe kann zum Beispiel ausgemacht werden, ob es sich um eine Frage oder eine Antwort handelt. Der Sprachrhythmus, die -betonung und die -melodie entscheiden zudem auch über die Bedeutung eines Satzes: „Kannst du den gebauten Turm umfahren?" hat eine ganz andere Bedeutung als „Kannst du den gebauten Turm umfahren?" (vgl. Zimmer 2016). Die Entwicklung prosodischer Fähigkeiten setzt bereits vor der Geburt ein und ist im Kindergartenalter grundlegend aufgebaut. Sie entwickelt sich jedoch noch stetig weiter (Kany & Schöler 2010). Desweiteren dienen die prosodischen Kompetenzen auch der Sprachverarbeitung sowie dem frühen Grammatikerwerb (Weinert & Grimm 2018).

Morphologisch-syntaktische Kompetenzen

Um kommunizieren zu können, reicht die willkürliche Aneinanderreihung von Wörtern nicht aus. Ein Kind muss über gewisse grammatikalische Fähigkeiten verfügen. Bei der Entwicklung dieser Fähigkeiten wird zwischen den beiden Bereichen Morphologie und Syntax unterschieden. Damit ein Kind zum Beispiel über vergangene oder zukünftige Handlungen berichten kann, muss es morphologisch-syntaktische Regeln erkannt haben und sie auf andere Situationen übertragen können. Dass es in der Entwicklung dieser Kompetenzen zu Fehlbildungen wie „Ball – Ballen" (Mehrzahlbildung) oder „Ich habe geesst" (Vergangenheitsbildung) kommt, ist ein Zeichen für einen fortgeschrittenen Erwerbsprozess und weist darauf hin, dass bestimmte Regeln bereits erfasst und systematisch übertragen wurden. Mit etwa vier bis fünf Jahren beherrschen Kinder in der Regel auch die elementaren Satzmuster. Die Syntaxentwicklung ist in diesem Alter jedoch längst nicht abgeschlossen. Das Erlernen von Nebensatzstrukturen setzt zum Beispiel gewisse später entwickelte kognitive Fähigkeiten voraus (Kany & Schöler 2010).
Die Items in ***BaSiK*** konzentrieren sich bei der Beobachtung grammatikalischer Fähigkeiten sowohl auf morphologische als auch syntaktische Komponenten der kindlichen Sprachentwicklung. So geht es etwa einerseits um die Äußerungslänge (z.B. das Kind verwendet Zweitwortsätze) und -art (z.B. das Kind bildet Kausalsätze), andererseits werden die Konjugation und Deklination verschiedener Wortarten (z.B. das Kind verwendet das Perfekt) beobachtet. Einen weiteren wichtigen Beobachtungsindikator stellt die korrekte Verwendung der Subjekt-Verb-Kongruenz dar. Das Kind versteht, dass die Veränderungen des Verbes nicht zufällig geschehen (z.B. „Leon malt"). Verwendet ein Kind am Ende eines Wortes die /st/-Markierung (bei 2. Person Singular) korrekt, kennzeichnet dies laut Motsch (2017) den erfolgreichen Erwerb der Grammatikentwicklung. Erste Hinweise für einen verzögerten Grammatikerwerb lassen sich demnach sowohl in der fehlenden Subjekt-Verb-Kongruenz (um das vollendete dritte Lebensjahr herum) als auch unter anderem in einer falschen Genus-, Numerus- und Kasusmarkierung (Morphologie) sowie falschen Verbstellung (Syntax) im Hauptsatz erkennen (Clahsen 1986; Dannenbauer 2002). Eine ausführliche Beschreibung der grammatikalischen Orientierungspunkte findet sich in Kapitel 4.2.3.

Pragmatische Kompetenzen

Unter dem Begriff Pragmatik wird das Sprachhandeln verstanden. Es umfasst die Fähigkeit, ein Gespräch aufrechtzuerhalten (z.B. den Wechsel von Sprecher- und Zuhörerrolle zu berücksichtigen), die Perspektive des Gesprächspartners einnehmen zu können und die Fähigkeit, das eigene Anliegen so zu vermitteln, dass es vom Gesprächspartner verstanden werden kann (vgl. Hansen & Heidtmann 2004). Bruner (2002) weist darauf hin, dass hier nicht das reine Verstehen und sprachliche Wiedergeben von Sätzen im Vordergrund stehen, sondern das Interpretieren und Vermitteln der Botschaft und Absicht dahinter, das auch durch nonverbale Gesten unterstützt wird.
Da ein gewisses sozial-kognitives Wissen über das Gegenüber der Entwicklung pragmatischer Kompetenzen vorausgeht, sind Kinder erst mit etwa drei Jahren imstande, ein Gespräch ohne erwachsene Begleitung aufrechtzuhalten (vgl. Kany & Schöler 2010; Rausch 2003). Das häusliche Umfeld und die Kindertageseinrichtung sind für die weitere Entwicklung entscheidend. Unterstützt werden kann die Ausbildung pragmatischer Kompetenzen bei Kindern zum Beispiel durch Aktivitäten, die Kooperationen unter Kindern herausfordern. Lauf- und Fangspiele sowie Rollenspiele etc. bieten sich an, um pragmatische Anforderungen wie das Einigen über gemeinsame Regeln, das Verteilen von Rollen und das Erklären und Rückfragen zu üben (Zimmer 2016).

Literacy

Der Begriff Literacy umfasst die vielfältigen Erfahrungen, die im Umgang mit (Bilder-)Büchern, mit Texten, mit dem (Vor-) Lesen und Erzählen gemacht werden, sowie weitere Erfahrungen, die die kindliche Lesefreude unterstützen. Frühe Literacy-Erfahrungen können die Sprachentwicklung positiv beeinflussen. Im Rahmen von ***BaSiK*** werden die verschiedenen Formen der Literacy-Bildung und -Förderung, wie unter anderem die Bilderbuchbetrachtung, Freies Erzählen und Zeichen im Alltag, beobachtet (Rau 2009). Durch frühe Literacy-Erfahrungen werden die sprachliche Abstraktionsfähigkeit, Lesefreude, Vertrautheit mit Büchern und Schriftsprache, Medienkompetenz und die Persönlichkeitsbildung wie auch sozial-kulturelle Aspekte gestärkt. Hering und Nickel (2008) weisen darauf hin, dass Literacy-Bildung und -Förderung nicht den vorzeitigen Lese- und Schriftspracherwerb evozieren möchte, sondern das Ziel eines frühen Umgangs mit einer Erzähl-, Lese-, Schreib- und Buchkultur verfolgt.

Im Sinne des ganzheitlichen Lernens kann auch hier von der engen Verbindung von Sprache und Bewegung profitiert und ein Zugang zu Literacy-Erfahrungen über den Körper und die Bewegung gesucht werden. Durch die Bereitstellung einer bewegungsfreundlichen Umgebung in Verbindung mit Geschichten werden Kinder dazu angeregt, sich sowohl mit ihrem Körper als auch mit der Sprache auszudrücken (nonverbal und verbal) (Zimmer 2013). Besonders die Kinder, die noch am Beginn ihrer Sprachentwicklung stehen oder Deutsch als Zweitsprache erwerben, profitieren von Zugängen zur Sprache, die über die Wahrnehmung, den Körper und die Bewegung erfolgen.

4.2.3 Orientierungspunkte der Sprachentwicklung

Die einzelnen Sprachskalen in ***BaSiK*** enthalten Marker und weitere wichtige Orientierungspunkte, die für die Sprachentwicklung eines Kindes von Bedeutung sind. Im folgenden Unterkapitel werden deren jeweilige Bedeutung sowie der empfohlene Umgang mit den zugehörigen Items beschrieben.

Marker: 50-Wort-Grenze und/oder das Fehlen von Zweiwortsätzen
Die 50-Wort-Grenze wird in der Skala (Kompetenzbereich) Semantik/Lexikon in der ***BaSiK***-U3-Version für Kinder zwischen 1;0 und 3;5 Jahren mit dem Item *„Das Kind ... spricht ungefähr wie viele Wörter?"* aufgegriffen. Als aktiv gebrauchte Wörter können hierbei Äußerungen gewertet werden, die lautlich immer gleich klingen und eindeutig, also für die Bezugsperson verständlich, auf etwas hinweisen (Schlesiger & Mühlhaus 2013). Auch Lautmalereien wie „piep piep" für „Vogel" und kindliche Wortformen wie „ham" für „essen" werden nach dieser Definition als Wort gewertet. Nach Grimm (2016) ist der aktive Wortschatz in einer regelhaft verlaufenden Sprachentwicklung im Alter von 24 Monaten bereits auf durchschnittlich 200 Wörter angewachsen. Hat ein Kind im Alter von 24 Monaten jedoch die 50-Wort-Grenze noch nicht erreicht, kann von einer Sprachentwicklungsverzögerung gesprochen werden, die von einem großen Teil der Fachwelt als Risiko für eine spätere Sprachentwicklungsstörung angesehen wird (vgl. Grimm 2016; Kannengieser 2015). Das Kind zählt zu den späten Wortlernern, den sogenannten Late Talkern (Schlesiger & Mühlhaus 2013).
Ein weiterer Indikator für eine mögliche Sprachentwicklungsverzögerung stellt das Ausbleiben von Zweiwortkombinationen dar. Die Bildung von Zweiwortsätzen gilt als wichtiger Meilenstein des Spracherwerbs und weist auf den Zusammenhang von Wortschatz und Grammatik hin (vgl. Bates & Goodman 1999). Haben Kinder im Alter von 24 Monaten noch nicht begonnen, zwei Wörter miteinander zu kombinieren, kann von einer Spracherwerbsverzögerung gesprochen werden (Kannengieser 2015). Die Verwendung von Wortkombinationen wird in der ***BaSiK***-U3-Version mithilfe des Items *„Das Kind ... verwendet Zweiwortsätze (z.B. „Auto kaputt", „Melike trinken", „Turm groß")"* beobachtet.
Spricht ein 24 Monate altes Kind also weniger als 50 Wörter aktiv und/oder hat noch nicht begonnen, zwei Wörter miteinander zu kombinieren, sollte die pädagogische Fachkraft den Eltern die Abklärung eines sprachtherapeutischen Bedarfes, zum Beispiel durch den Kinderarzt, raten. Eine frühzeitige Intervention kann möglicherweise verhindern, dass aus der Sprachentwicklungsverzögerung tatsächlich eine Sprachentwicklungsstörung entsteht.
Nach Schlesiger und Mühlhaus (2013) gilt diese Grenze auch für mehrsprachig aufwachsende Kinder. Bei der Ermittlung des Wortschatzes gilt hier, dass alle Wörter, die das Kind produziert (unabhängig davon, in welcher Sprache), notiert werden. Jedes Wort wird jedoch nur einfach gezählt, egal ob es in mehreren Sprachen vorkommt (Beispiel: Äußert ein Kind, das mit Französisch als Erstsprache in Deutschland aufwächst, die Worte „Haus" und „maison", zählen diese beiden nur als ein Wort).

Orientierungspunkte

1. **Subjekt-Verb-Kongruenz**
   Der erfolgreiche Erwerb der Subjekt-Verb-Kongruenz findet in der Skala Morphologie/Syntax sowohl in der ***BaSiK***-U3-Version für Kinder im Alter von 1;0 bis 3;5 Jahren als auch in der ***BaSiK***-Ü3-Version für Kinder im Alter von 3;0 bi 6;11 Jahren Beachtung. Sie wird mit dem Item *„... hat die Subjekt-Verb-Kongruenz (Person-Tätigkeitswort-Zuordnung) erworben, insbesondere „st" in der 2. Person (Du) (z.B. „Du trinkst (Milch), „Du gehst (raus)")"* erfragt.
   Unter Subjekt-Verb-Kongruenz versteht man die formale Abstimmung von Subjekt (Nomen) und Verb (Tätigkeitswort) in einem Satz. Hierbei wird die Flexion (Beugung) des Verbs durch Person und Numerus des Subjektes bestimmt. Zum Beispiel weist bei der Bildung des Verbs „schlafen" die erste Person Singular die Endung „ich schlaf-e" auf, der Plural heißt „wir schlaf-en".
   In einer regelhaft verlaufenden Sprachentwicklung wird die Subjekt-Verb-Kongruenz im Alter von 3;0 bis 3;5 Jahren beherrscht (vgl. Motsch 2017; Clahsen 1982). Die /st/-Markierung für die zweite Person Singular wird laut Motsch (2017) dabei als letztes erworben, sie ist auch die eindeutigste Form. Wird sie vom Kind sicher gebildet, kann davon ausgegangen werden, dass das Kongruenzprinzip (Abstimmung) verstanden wurde.
   Fehlt die Subjekt-Verb-Kongruenz bzw. die korrekte Verbflexion noch im Alter von 3;5 bis 4;0 Jahren (Kannengieser 2015), sollte die morphologisch/syntaktische Entwicklung des betreffenden Kindes weiterhin genau beobachtet werden und die

pädagogische Fachkraft den Eltern die Abklärung eines sprachtherapeutischen Bedarfes, zum Beispiel durch den Kinderarzt, raten.

2. **Verb-Zweitstellungsregel**
   Im Deutschen gilt die Verbzweitstellungsregel im Hauptsatz. Das bedeutet, dass das finite Verb (Tätigkeitswort) an zweiter Stelle im Satz steht. Im Alter zwischen drei und vier Jahren haben Kinder, deren Sprachentwicklung regelhaft verläuft, diese Struktur erkannt und verinnerlicht (Motsch 2017). In ***BaSiK*** wird dieser Orientierungspunkt in der Skala Morphologie/Syntax mit dem Item *„Das Kind ... stellt im Hauptsatz das Verb (Tätigkeitswort) an die zweite Stelle (Satzbauregel im Deutschen) (z.B. „Iwan rutscht runter", „Ceylan malt ein Bild"; „Marie klettert Baum" wäre auch richtig)"* aufgegriffen.
   Ob die Verb-Zweitstellungsregel tatsächlich erworben wurde, lässt sich am besten an Satztypen erkennen, bei denen die erste Position nicht durch das Subjekt besetzt wird, sodass das Subjekt hinter das flektierte Verb tritt (Subjekt-Verb-Inversion) („Wo malt Anna Bilder?", „Bilder malt Anna hier.") (Motsch 2017). Fehlt die Verb-Zweitstellungsregel noch im Alter von 3;5 bis 4;0 Jahren (Kannengieser 2015), sollte die morphologisch/syntaktische Entwicklung des betreffenden Kindes weiterhin genau beobachtet und ein möglicher sprachtherapeutischer Bedarf geklärt werden.

3. **Erwerb phonetisch-phonologischer Fähigkeiten**
   Laute oder Lautverbindungen gelten als erworben, wenn sie im Lautbestand des Kindes enthalten sind, es die Laute artikulieren und willentlich korrekt hervorbringen kann (Kannengieser 2015). Für Kinder im Alter zwischen 1;0 bis 3;5 Jahren findet die Lautentwicklung in folgenden Items der ***BaSiK***-U3-Version Beachtung: *„Das Kind ... kann alle Vokale ([a], [e], [i], [o], [u]) sowie einfache Laute ([m], [p], [n]) und erste schwierige Laute ([w], [f], [t]) z.B. im Anlaut (am Anfang eines Wortes) bilden (z.B. „Mama", „Wauwau")"* sowie *„Das Kind ... kann erste Konsonantenverbindungen ([kn], [br], [gr]) z.B. im Anlaut bilden (z.B. „Knie", Brille, „groß"), jedoch noch keine drei Konsonantenverbindungen (z.B. [str])"* und *„Das Kind ... kann fast alle Laute korrekt bilden (Ausnahmen: [s] wie bei „Sonne", [sch] wie bei „Schmetterling", [r] wie bei „rennen" und [ch] wie bei „Küche")"*. Das letztere Item wird auch in der ***BaSiK***-Ü3-Version erfragt.
   Nach Weinrich und Zehner (2017) gilt generell, dass Vokale vor Konsonanten und Konsonantenverbindungen erworben werden und Laute, die vorne im Mundraum gebildet werden, zuerst erlernt werden. Zum Erwerb des Konsonantensystems der deutschen Sprache können folgende Orientierungspunkte gelten:

   1;6–1;11 Jahre: [m][d]

   2;0–2;5 Jahre: [n][p][b]

   2;6–2;11 Jahre: [w][f][l][t][ch2][k] [h]

   3;0–3;5 Jahre: [j] [r] ng] [g] [pf] [kl] [fr]

   3;6–3;11 Jahre: [br] [gr]

   4;0–4;5 Jahre: [ch1][dr]

   4;6–4;11 Jahre: [sch]

   Der Laut [s] (sowohl stimmlos wie z.B. bei „Wasser" als auch stimmhaft wie z.B. bei „Sonne") wird häufig bis zum sechsten Lebensjahr noch nicht sicher realisiert (Weinrich & Zehner 2017). Zeigt ein Kind im Alter von 5;0 Jahren noch Lautfehlbildungen (Ausnahme [s]), sollte den Eltern die Abklärung eines sprachtherapeutischen Bedarfs geraten werden.

4.2.4 Was bei Kindern mit Mehrsprachigkeit zu beachten ist

Mit ***BaSiK*** können auch mehrsprachige Kinder in ihren sprachlichen Kompetenzen der Zweitsprache beobachtet, begleitet und unterstützt werden. Zwar unterscheiden sich die Spracherwerbsphasen des simultanen und des (frühen) sukzessiven Mehrsprachenerwerbs kaum vom einsprachigen Erwerb; es gibt jedoch einige Besonderheiten in Bezug auf Mehrsprachigkeit, die bei der Arbeit mit ***BaSiK*** beachtet werden sollten.

Fragen zum Kind
Die Einbeziehung der Sprachbiografie eines (mehrsprachigen) Kindes gilt als wichtiges Kriterium zur Beobachtung und Abbildung seines Sprachentwicklungsstandes, da sie Informationen zur Quantität und Qualität des bisherigen sprachlichen Angebotes in der Zweitsprache bietet (Lengyel 2012).

Mehrere sprachbiografische Faktoren finden in ***BaSiK*** Beachtung. So wird zum Beispiel der Erwerbsbeginn der deutschen Sprache erfasst und somit zwischen einem simultanen und einem sukzessiven Spracherwerb unterschieden. Für Kinder, die mit Deutsch als Zweitsprache aufwachsen, kann eine intensivere Unterstützung der sprachlichen Entwicklung notwendig sein.

Da der familiäre Sprachgebrauch im Zweitspracherwerb eine große Rolle spielt (Rothweiler & Ruberg 2011), wird auch dieser bei ***BaSiK*** erfragt. Der mehrsprachige Erziehungsstil, die Art des Sprachgebrauchs innerhalb der Familie und die damit verbundenen Konsequenzen können von Kind zu Kind stark variieren (Scharff Rethfeldt 2013). Als Idealfall für einen erfolgreichen bilingualen Spracherwerb gilt das Prinzip „eine Person – eine Sprache". Das bedeutet: Hier sprechen die Eltern unterschiedliche native Sprachen und trennen diese von Geburt an in der Interaktion mit dem Kind. Charakteristisch für immigrierte Familien ist auch, dass sich die Familiensprache und die Sprache der Gesellschaft, die sogenannte Umgebungssprache, unterscheiden. Die native Sprache der Eltern ist identisch, sie sprechen die gleiche Sprache mit ihrem Kind, welche nicht der Sprache des gesellschaftlichen Umfeldes entspricht. Die weitere Sprache kommt somit erst bei Eintritt in die Kindertageseinrichtung oder die Schule hinzu, sodass das sprachliche Angebot in der Zweitsprache oftmals vergleichsweise gering bleibt.

Die Erstsprache, also die Sprache, mit der Kinder die Welt erkunden und die es ihnen ermöglicht, Bedürfnisse, Wünsche und Gefühle auszudrücken, ist ebenfalls von hoher Relevanz für die weitere mehrsprachige Entwicklung. So bereitet jenen Kindern das Deutschlernen besondere Schwierigkeiten, deren Erstsprache einer anderen Sprachfamilie als dem Deutschen angehört. Dies betrifft Sprachen, die ein anderes Lautsystem haben oder große Unterschiede zum Deutschen in den Bereichen Morphologie und Syntax aufweisen (vgl. Engin 2010). Die Erstsprache eines Kindes prägt sowohl sein sprachliches Wissen als auch sein Weltwissen, welches Gedanken, Erkenntnisse, innere Haltungen, Gefühle und kulturelle Einstellungen beinhaltet (Scharff Rethfeldt 2013).

Basiskompetenzen

Von großer Bedeutung für den Erst- und Zweitspracherwerb sind die Kontakte in und mit der Peer-Group. In der Interaktion von Peers und dem damit verbundenen kindlichen Spiel finden Prozesse statt, die sich förderlich auf die kognitive, motorische, interaktive und sprachliche Entwicklung auswirken (vgl. Lengyel 2009). Peer-Interaktionen sind demnach eine wertvolle Entwicklungsressource für das (mehrsprachige) Kind (Licandro & Lüdtke 2011). Dieser Aspekt findet in ***BaSiK*** durch die Beobachtung sozialer und emotional-motivationaler Basiskompetenzen Beachtung.

Um eine Sprache zu erwerben, muss zwischen einzelnen Lauten und Lautmustern unterschieden werden, bevor später aus dem Redefluss einzelne Wörter und deren Grenzen erkannt werden können (vgl. Scharff Rethfeldt 2013). Für die gezielte Artikulation von teilweise ungewohnten Lauten und Lautkombinationen sind die Koordination der Bewegungen verschiedener Mund- und Zungenmuskeln und deren willkürliche Steuerung Voraussetzung. Daher ist es wichtig, deren Kraft, Beweglichkeit und Geschicklichkeit zu beobachten und gegebenenfalls zu unterstützen.

Sprachbereiche

Zur Interpretation der Beobachtungen in einigen Sprachbereichen sind in Bezug auf mehrsprachig aufwachsende Kinder einige Besonderheiten zu beachten: Im Bereich der **semantisch-lexikalischen Kompetenzen** sollte bedacht werden, dass der mehrsprachige Wortschatz, wie jeder kindliche Wortschatz, sehr subjektiv aufgebaut ist. Nach Scharff Rethfeld (2013) ist er sowohl soziokulturell, sprachspezifisch als auch individuell geprägt. Ein mehrsprachiges Kind verfügt, verglichen mit einem einsprachigen Kind, nicht über einen doppelt so großen Wortschatz. Für einen neu erworbenen Begriff steht nicht automatisch in jeder Sprache ein passendes Wort zur Verfügung.[5]

Vielmehr ist der Sprachgebrauch eines mehrsprachigen Kindes auf Situationen zurückzuführen, die es erfahren hat. Einem Kind, das zuhause hauptsächlich die Familiensprache verwendet und in der Kita in der Umgebungssprache kommuniziert, wird es wahrscheinlich leichter fallen, die Bedeutung von „Stuhlkreis" oder „Bauecke" mithilfe von Wörtern der Umgebungssprache auszudrücken (Scharff Rethfeldt 2013).

Der Erwerb **phonetisch-phonologischer Kompetenzen** verläuft bei mehrsprachigen Kindern in der Regel wie bei einsprachigen Kindern. Erlernen Kinder eine zweite Sprache sukzessiv, müssen die Regeln der korrekten Artikulation für die zweite Sprache auch schrittweise erlernt werden. Schwierigkeiten können entstehen, wenn sich das Lautinventar verschiedener Sprachen deutlich voneinander unterscheidet. In der Erstsprache gelernte Laute können oftmals nicht einfach in die Zweitsprache übertragen werden. Manchmal müssen Laute oder Lautkombinationen, die in der Erstsprache gar nicht existieren, in der Zweitsprache gezielt geübt werden. Eine artikulatorische Herausforderung stellen im Deutschen zum Beispiel die Konsonantenhäufungen, wie in „Milch" oder „Angst", der „ach"-Laut und die Diphthonge (Doppellaute mit zwei Vokalen wie in „Haus" oder „Heu") dar, die es etwa im Türkischen nicht gibt (Engin 2010).

Im Bereich der **morphologisch-syntaktischen Kompetenzen** ist es wichtig zu beachten, dass Sprachen sehr stark in ihren Strukturen variieren. Prinzipiell gilt, dass einfachere vor komplexeren grammatikalischen Strukturen erworben werden. Da diese Strukturen je Sprache unterschiedlich sind, verfügen mehrsprachig aufwachsende Kinder nicht immer über die gleichen

[5] Zum Wortschatzumfang eines mehrsprachigen Kindes zählen aus diesem Grund sowohl Wörter aus der Erstsprache als auch aus der Zweitsprache. Lediglich die Wörter, die in beiden Sprachen das Gleiche bedeuten, zählen als ein Wort (siehe Kapitel 4.2.3).

Kompetenzen zur gleichen Zeit in beiden Sprachen. Die Reihenfolge und die Erwerbsdauer, in der die korrekte Markierung grammatischer Strukturen erlernt wird, hängen laut Scharff Rethfeldt (2013) von der Komplexität der Erst- und Zweitsprache ab, die ein Kind erwirbt. So stellt das Erlernen von Pluralformen im Deutschen vermutlich eine höhere Herausforderung dar, als zum Beispiel im Englischen. Während im Deutschen zahlreiche Formen und Ausnahmen auswendig gelernt werden müssen, gibt es im Englischen (bis auf wenige Ausnahmen) lediglich drei Pluralformen (Kany & Schöler 2010). Im Türkischischen existieren dagegen zwei Pluralformen, die enstprechend des Auslautes genutzt werden. Die Verwendung dieser Pluralformen entfällt, wenn bereits eine Zahl Auskunft über den Plural gibt. So kann es im Deutschen zu Transfers wie „Da drüber sind drei Kind" kommen (Gürsoy 2010). Weitere Besonderheiten im Türkischen bestehen zum Beispiel im Fehlen von Artikeln oder Präpositionen; so kann es sein, dass die Kinder beim Erwerb der deutschen Sprache möglicherweise mehr Unterstützung benötigen. Das Fehlen von Artikeln tritt ebenfalls im Russischen auf, da hier die Endungen das Geschlecht des Substantivs kennzeichnen. Und dieses weicht häufig von dem im Deutschen ab, sodass es auch hier zu inkorrekten Übertragungen kommen kann (Albertovskaya & Gürsoy 2010).

Pragmatische Kompetenzen werden sowohl von mehrsprachigen als auch von einsprachigen Kindern durch Erfahrungen in individuell unterschiedlichen soziokulturellen Kontexten erworben. Da Kommunikationsregeln an die jeweilige soziokulturelle Umgebung gebunden sind und stark variieren können, ergibt sich eine größere Vielfalt dieser Regeln in Verbindung mit Mehrsprachigkeit und Interkulturalität (Scharff Rethfeldt 2013). Im sprachlichen Handeln des Kindes können so auch Sprachmischungen auftreten. Neueren Erkenntnissen zufolge handeln auch Pädagoginnen und Pädagogen keinesfalls einsprachig, sondern mehrsprachig: Sie deuten die mehrsprachigen Äußerungen der Kinder kontextgebunden und gehen auf diese ein. Ein Beharren auf der Verwendung der deutschen Sprache behindert die Kommunikation und kann sogar zu einem Verstummen mehrsprachig aufwachsender Kinder führen. Sprachmischungen sollten deshalb als kompetente Strategie zur Aufrechterhaltung von Kommunikation verstanden werden; sie stellen kein Anzeichen für eine Sprachstörung dar oder sind auch kein Grund für eine später auftretende Sprachstörung. Über ausreichende und vielfältige Sprachbildungsangebote in allen Sprachen kann das Kind ableiten, wann es welche Sprache nutzen möchte. Dabei ist die Qualität des sprachlichen Inputs entscheidend und weniger die Quantität. Das heißt: Nicht die Verwendung unterschiedlicher Sprachen im Kita-Alltag wirkt sich negativ auf die sprachliche Entwicklung von Kindern aus, sondern das Fehlen von hochwertigen, an den Entwicklungsstand des einzelnen Kindes angepassten (deutschsprachigen) Interaktionen (Panagiotopoulou 2016).

5. Durchführung und Auswertung

BaSiK dient einer prozessbegleitenden Beobachtung der kindlichen Sprachentwicklung in Kindertageseinrichtungen ab dem vollendeten ersten Lebensjahr bis zum Schuleintritt. Somit wird bei ***BaSiK*** nicht nur der momentane Stand des Spracherwerbs festgehalten, im Fokus steht vielmehr die Dokumentation des individuellen Sprachentwicklungsverlaufs eines Kindes. Damit können auch Faktoren und Ressourcen berücksichtigt werden, die den bisherigen Spracherwerbsprozess des Kindes möglicherweise mitbestimmt haben (vgl. Lueger 2009). Aufbauend auf den Beobachtungsergebnissen können zum einen individuelle Maßnahmen einer alltagsintegrierten Sprachbildung abgeleitet werden, die natürliche Sprachanlässe des pädagogischen Alltags aufgreifen (siehe Kapitel 8.2). Zum anderen kann durch die zur Verfügung stehenden Normwerte auch ein interindividueller Vergleich zu Kindern gleichen Alters und ähnlichem Erwerbsbeginn der deutschen Sprache gezogen werden.

Um den Sprachentwicklungsprozess anhand von ***BaSiK*** begleiten und unterstützen zu können, sollte einmal jährlich beobachtet und dokumentiert werden. In besonderen Fällen (z.B., wenn Auffälligkeiten in der Sprachentwicklung erkannt wurden) ist eine mindestens halbjährliche Beobachtung ratsam. Dabei wird empfohlen, „BaSiK flexibel einzusetzen; es ist zum Beispiel nicht erforderlich, bei jeder Beobachtung den gesamten Bogen auszufüllen. Vielmehr sollten beim ersten Mal alle Skalen beobachtet und bei den darauffolgenden Beobachtungen nur noch die Skalen dokumentiert werden, in denen weitere Entwicklungsschritte erfolgt sind" (Eckrodt, Madeira Firmino & Rieger 2015). Dabei kann es in der Zeit der Einarbeitung zunächst hilfreich sein, mit einem Kind zu beginnen, bei dem bereits ein differenzierter Eindruck über die Sprachentwicklung besteht. So können zu Beginn dann die Kompetenzen beobachtet werden, die der pädagogischen Fachkraft als wichtig erscheinen: zum Beispiel bei einem jüngeren Kind, das sich noch am Anfang seiner Sprachentwicklung befindet, die Basiskompetenzen oder das Sprachverständnis und die semantisch-lexikalischen Kompetenzen. Bei einem älteren, bereits in der Sprachentwicklung fortgeschrittenen Kind bieten sich womöglich die morphologisch-lexikalischen und pragmatischen Kompetenzen an. Nach und nach können dann weitere Bereiche hinzugenommen werden. Nachdem ein Überblick gewonnen wurde, ist es dann – wie beschrieben – nicht mehr nötig, jedes Mal einen gesamten Bogen auszufüllen. Generell gilt es, ***BaSiK*** an den pädagogischen Alltag anzupassen und nicht den pädagogischen Alltag an ***BaSiK*** (Eckrodt 2017).

5.1 Allgemeine Hinweise zur Durchführung

BaSiK wurde für den pädagogischen Alltag konzipiert und ist von pädagogischen Fachkräften anzuwenden. Die intraindividuelle Entwicklung sprachlicher Kompetenzen von Kindern ab dem ersten vollendeten Lebensjahr bis zum Schuleintritt steht dabei im Vordergrund. Die Durchführung von ***BaSiK*** umfasst zum einen die Beobachtung und zum anderen die Dokumentation der in den Protokollbögen beschriebenen Items (Beobachtungsaufgaben). Die unterschiedlichen Items repräsentieren alltägliche Situationen der pädagogischen Arbeit. Die Protokollbögen können sowohl während als auch nach der Beobachtung (z.B. am Ende des Tages) ausgefüllt werden. Die Dauer der Protokollierung beträgt circa 20 bis 40 Minuten pro Kind, je nachdem, wie umfangreich dokumentiert wird. Lassen sich manche Items nicht direkt in alltäglichen Situationen beobachten, kann es sinnvoll sein, Beobachtungsanlässe herbeizuführen. Hierbei sind künstliche Aufforderungen zu vermeiden. Um entsprechende Kompetenzen im natürlichen Kontext zu beobachten, sollten Situationen gewählt werden, die für das Kind sinnvoll, handlungsrelevant und lustvoll sind, zum Beispiel Bewegungsspiele, Musikangebote oder andere Aktivitäten. Zur Beobachtung und Dokumentation stehen zwei Versionen von ***BaSiK*** zur Verfügung. Je nach Alter des Kindes wird entweder die ***BaSiK***-U3-Version oder die ***BaSiK***-Ü3-Version verwendet:

- Kinder im Alter von 1;0–3;5 Jahren: ***BaSiK***-U3-Protokollbogen
- Kinder im Alter von 3;0–6;11 Jahren: ***BaSiK***-Ü3-Protokollbogen

Die Überschneidung der Altersbereiche wurde bewusst gewählt, da die sprachliche Entwicklung individuell sehr unterschiedlich verläuft. Je nachdem, welcher Protokollbogen genauere Informationen über die sprachliche Entwicklung des Kindes liefert, können die Altersgrenzen vernachlässigt werden. Wenn zum Beispiel ein vierjähriges Kind erst seit einem Jahr mit der deutschen Sprache in Kontakt ist, empfiehlt es sich gegebenenfalls – trotz seines Alters –, den Protokollbogen der ***BaSiK***-U3-Version zu verwenden. Ebenso verhält es sich mit entwicklungsverzögerten Kindern: Bei ihnen ist der entwicklungsentsprechende und nicht der altersentsprechende Bogen zu wählen.

Beim Ausfüllen der Protokollbögen ist darauf zu achten, die Items weder aufgrund einer globalen Einschätzung noch durch die Beobachtung einer einzelnen Situation zu bewerten. Vielmehr sollte der Zeitraum der letzten vier Wochen mit unterschiedlichen Beobachtungssituationen als Grundlage der Dokumentation dienen. Dabei wird empfohlen, während der Beobachtung Beispielsituationen zu notieren. Sollten Unsicherheiten beim Ausfüllen bestehen, wird der Austausch mit Kollegen und Kolleginnen angeraten (siehe Kapitel 3.2). ***BaSiK*** greift – wie bereits in Kapitel 4 beschrieben – neben bestimmten Sprachbereichen auch Basiskompetenzen auf. Die Beobachtung und qualitative (beschreibende) Auswertung der Basiskompetenzen werden empfohlen, damit vielfältige Anhaltspunkte einer alltagsintegrierten Sprachbildung gewonnen werden können. Für eine ganzheitliche Unterstützung der Sprachentwicklung empfiehlt es sich, zusätzlich auch die Basiskompetenzen zu dokumentieren. Eine quantitative (rechnerische) Auswertung der Basiskompetenzen ist nicht vorgesehen, da die Sprachkompetenzen im Vordergrund des Verfahrens stehen. Alle Skalen – auch die Sprachbereiche – können unabhängig voneinander beobachtet und ausgewertet werden, wenn nur einzelne Kompetenzen von Interesse sind. Um einen Überblick über das Sprachprofil eines Kindes zu erhalten, wird empfohlen, alle Sprachkompetenzen zu beobachten.

> In der **qualitativen Auswertung** sollen aktuelle und nächste Entwicklungsschritte des Kindes erkannt und beschrieben werden – mit dem Ziel, die weitere Unterstützung des Kindes individuell zu planen. Eine Berechnung bestimmter Werte ist dabei nicht erforderlich. Da diese Art der Auswertung Schlüsse auf die folgende Begleitung bzw. Gestaltung der Sprachbildung des Kindes zulässt, steht sie im Vordergrund.
> Bei der **quantitativen Auswertung** wird das Kind mit seiner Bezugsgruppe (gleiches Alter und gleicher Erwerbsbeginn der deutschen Sprache) verglichen, um bestimmen zu können, ob die Sprachentwicklung des Kindes durchschnittlich oder vom Durchschnitt abweichend verläuft. Dabei müssen Summenrohwerte errechnet und Normwerte bestimmt werden. Diese Art der Auswertung kann bei manchen Kindern hilfreich sein, da sie eine objektive Perspektive liefert, ist in der Anwendung aber eher nachrangig.

In ***BaSiK*** wurde eine Skala von „4" (trifft voll und ganz zu) bis „1" (trifft noch nicht zu) gewählt. Auf eine fünfstufige Skala wurde absichtlich verzichtet, damit die Beobachterinnen und Beobachter ihre Einschätzung nicht auf eine mittlere, neutrale Antwortkategorie beschränken können (Tendenz zur Mitte) (Moosbrugger & Kelava 2012). Außerdem konnten viele Items nach Sichtung theoretischer und empirischer Grundlagen nicht sinnvoll in fünf oder mehr Entwicklungsschritte differenziert werden. Manche Items erscheinen ab einem bestimmten Zeitpunkt wenig informativ, da die Kinder die geschilderte Kompetenz längst erworben bzw. schon weiterentwickelt haben (z.B. „Das Kind spricht in Zweiwortsätzen"). Für den Fall, dass eine quantitative Auswertung erfolgen soll, ist bei diesen Items eine „4" anzukreuzen. Ansonsten kann statt des Ankreuzens auch eine Notiz in dem freien Bereich für „Erläuterungen/Beispielsituationen" eingetragen werden. Die Items, die mit „Ja" oder „Nein" beantwortet werden, liefern zum einen wichtige Hintergrundinformationen, zum anderen aber auch zentrale weiterführende Informationen. Gegebenenfalls können diese auch über die Eltern erfragt werden. Liegen Auffälligkeiten in den Items zu den Hintergrundinformationen vor, sollten im Rahmen der qualitativen Auswertung die Eltern verständigt und ihnen nahegelegt werden, weitere Informationen einzuholen bzw. gegebenenfalls andere Professionen (z.B. den Kinderarzt) zu kontaktieren. Demzufolge finden sich nicht bei allen „Ja/Nein"-Items konkrete Verweise auf Sprachbildungssituationen. Diese Items dienen der Sensibilisierung und sind im Kontext alltagsintegrierter Sprachbildung zu berücksichtigen. Eine quantitative Auswertung der entsprechenden Items ist nicht vorgesehen. Da anhand von ***BaSiK*** der Prozess der Sprachentwicklung dokumentiert werden soll, sind pro Item mehrere Zeilen für aufeinanderfolgende Beobachtungszeitpunkte zum Ankreuzen vorgegeben (siehe Abbildung 2). Zusätzlich besteht durch die Wahl unterschiedlicher Farben die Möglichkeit, weitere Beobachtungszeitpunkte abzubilden.

4) ... kann Gegensätze verstehen und verwenden (z.B. „schnell und langsam", „hoch und tief", „groß und klein", „dunkel und hell").	1	○	○	○	○
	2	○	○	○	○
	3	○	○	○	○

Abb. 2: Exemplarische Darstellung der drei Ankreuzmöglichkeiten pro Item

5.2 Auswertung und Interpretation

Im Anschluss an die Beobachtung und Dokumentation der in ***BaSiK*** enthaltenen Kompetenzen können eine qualitative sowie eine quantitative Auswertung vorgenommen werden. Während bei der qualitativen orientierten Auswertung der individuelle Erkenntnisgewinn für die anschließende Sprachbildung im Vordergrund steht, kann im Rahmen der quantitativen Auswertung ein Sprachprofil erstellt werden, welches Aufschluss darüber gibt, wo sich das Kind – entweder im Vergleich zu vorangegangenen Beobachtungszeiträumen oder im Vergleich zu gleichaltrigen Kindern mit ähnlichem Erwerbsbeginn der deutschen Sprache – in seiner Sprachentwicklung befindet.

5.2.1 Qualitative (beschreibende) Auswertung

Ziel der qualitativen Auswertung ist es, Erkenntnisse darüber zu erhalten, welcher der aktuelle und nächste (Sprach-)Entwicklungsschritt des Kindes ist und auf welchen Kompetenzen aufgebaut werden kann. Auf Grundlage dieser Erkenntnisse können später – passend für jedes Kind und passend zu seinem jeweils nächsten Entwicklungsschritt – Ansatzpunkte für eine alltagsintegrierte Sprachbildung abgeleitet werden. Das Vorgehen der qualitativen Auswertung sieht vor, die einzelnen Items näher zu analysieren. Hierbei sind auch die Erläuterungen und Beispielsituationen, die handschriftlich auf dem Protokollbogen festgehalten wurden, von besonderer Bedeutung. Sie geben detailliert Aufschluss über die sprachlich-kommunikativen Ressourcen eines Kindes, zeigen auf, welche Interessen es hat, deuten jedoch auch auf mögliche Schwierigkeiten hin, die es zu bewältigen gilt. Nach der Beobachtung jeder Skala (Kompetenzbereich) sollten diese Ressourcen, Interessen und Schwierigkeiten – die zentralen Erkenntnisse der Beobachtung – im Abschnitt „In diesem Bereich wurde beobachtet", der sich an jede Skala anschließt, festgehalten werden. Außerdem können erste Überlegungen für die Gestaltung von Sprachbildungssituationen im Abschnitt „Daraus folgt für die Sprachbildung" notiert werden.

Beispiel für eine qualitative Auswertung (Miriam, 4; 4 Jahre)
Im Protokollbogen von Miriam (4; 4 Jahre) zeigt sich, dass die Items der Skala „Pragmatische Kompetenzen" sehr unterschiedlich bewertet wurden (siehe Abbildung 3). Somit lässt sich folgern, dass das Mädchen bereits einige Kompetenzen in dieser Skala erworben hat und einige Entwicklungsschritte aktuell anstehen.

Pragmatische Kompetenzen (Kommunikation, Dialog, nonverbale Kompetenzen)

Das Kind …	Zeitraum	trifft voll und ganz zu 4	3	2	trifft noch nicht zu 1	Erläuterungen, Beispielsituationen
1) … versteht den Sinn von Regelspielen, kann sich aktiv beteiligen (z.B. „Feuer, Wasser, Sturm" oder „Fischer, Fischer, wie tief ist das Wasser?").	1	○	○	⊗	○	Miriam sammelt grade erste Erfahrungen mit Regelspielen, ist eher im Rollenspiel.
	2	○	○	○	○	
	3	○	○	○	○	
2) … besitzt die Fähigkeit zum Sprecherwechsel (kann z.B. Gespräche beginnen und aufrechterhalten; weiß, wann sein Gesprächspartner an der Reihe ist).	1	○	○	⊗	○	Miriam erzählt viel, ist dabei manchmal kaum zu bremsen. Sie beginnt aber auch andere zu Wort kommen zu lassen.
	2	○	○	○	○	
	3	○	○	○	○	
3) … bringt seine Wünsche und Ideen ein, macht Vorschläge für die Gestaltung einer Spielsituation bzw. kann seine eigenen Absichten sprachlich verdeutlichen (kann z.B. anderen Kindern seine Spielideen erläutern).	1	○	○	⊗	○	Sie hat viele kreative Ideen, teils für die anderen Kinder schwierig zu verstehen.
	2	○	○	○	○	
	3	○	○	○	○	
4) … berichtet von sich aus über Erlebnisse und erzählt kleine Geschichten vor mehreren Personen (z.B. im Sitzkreis).	1	⊗	○	○	○	Miriam berichtet sogar längere Geschichten oder denkt sich welche aus. Sie hat viel Freude daran, andere zum Lachen zu bringen.
	2	○	○	○	○	
	3	○	○	○	○	
5) … kann sich im Rollenspiel auf Kompromisse einlassen und diese verhandeln (aus der Schaukel wird z.B. ein Flugzeug statt ein Schiff).	1	○	○	⊗	○	Miriam setzt sich sehr für ihre Ideen ein, lässt aber auch immer mehr andere Ideen gelten.
	2	○	○	○	○	
	3	○	○	○	○	
6) … setzt Gestik und Mimik bewusst zur Unterstützung seiner Sprache ein (verändert z.B. seinen Gesichtsausdruck, wenn es sich freut; verwendet seine Arme, um Gesagtes zu unterstützen).	1	⊗	○	○	○	Sie erzählt äußerst lebhaft, kann andere mitreißen.
	2	○	○	○	○	
	3	○	○	○	○	
7) … kann auf Nachfrage Strategien zur Lösung eines Problems verbal entwickeln (wenn z.B. die Erzieherin fragt: „Wie kommst du da hoch?").	1	○	○	⊗	○	Ja, manchmal aber auch Quatsch-Lösungen.
	2	○	○	○	○	
	3	○	○	○	○	
8) … spielt Alltagssituationen oder Geschichten mit Puppen oder Spielfiguren nach.	1	○	○	○	⊗	In den letzten 4 Wochen probiert Miriam v.a. Rollenspiele aus (siehe nächste Frage).
	2	○	○	○	○	
	3	○	○	○	○	
9) … spielt andere Spiele als Mutter-Vater-Kind und übernimmt dabei eine spezifische Rolle (z.B. „Ich bin der Schaffner – Fahrkarten bitte!"; „Stopp! Anhalten – hier kommt der Polizist.").	1	⊗	○	○	○	Miriam ist dabei sehr kreativ, spielt die unterschiedlichsten Rollen.
	2	○	○	○	○	
	3	○	○	○	○	
10) … redet von sich in der Ich-Form anstelle der 3. Person (z.B. fragt die Erzieherin: „Wer will rutschen?" Kind: „Ich will rutschen" anstelle von „Leila will rutschen").	1	⊗	○	○	○	Bereits seit ca. einem halben Jahr.
	2	○	○	○	○	
	3	○	○	○	○	

Abb. 3: Exemplarische Darstellung einer qualitativen Auswertung

Um Miriams Ressourcen, die in einer anschließenden Sprachbildung zum Tragen kommen sollen, zu ermitteln und ihre Schwächen herauszufiltern, werden die Items nun einzeln analysiert. Eine Orientierung an den folgenden Reflexionsfragen ist hilfreich, um Miriams aktuelle Entwicklung ressourcenorientiert zu beschreiben.

Reflexionsfragen zur qualitativen Auswertung

Ebene des Kindes

- ☑ Welche Entwicklungsschritte hat das Kind bereits erlangt? Was wurde im Rahmen der letzten Beobachtung dokumentiert?
- ☑ Mit welchen Entwicklungsschritten setzt sich das Kind nach wie vor auseinander? Was hat sich im Vergleich zur letzten Beobachtung verändert?
- ☑ Welche Entwicklungsschritte sind aktuell beobachtbar? Bei welchen Aktivitäten zeigt das Kind Interesse, ist motiviert und engagiert sich?
- ☑ In welchen Entwicklungsschritten beginnt das Kind, Kompetenzen zu erlangen? Welche Erfahrungen macht es momentan zum ersten Mal?
- ☑ Welche Entwicklungsschritte sind bei dem Kind als nächstes relevant? Welche stehen eventuell erst zu einem späteren Zeitpunkt an?

Ebene der Fachkraft

- ☑ Welche Unterstützung wurde seit der letzten Beobachtung umgesetzt? Durch welche Methoden konnte sich das Kind weiterentwickeln? Welche Angebote haben das Interesse des Kindes geweckt?
- ☑ Welche Unterstützung ist aktuell für das Kind relevant und passend? Welche angebotenen Situationen sucht das Kind häufig auf? Welche Spiele gefallen dem Kind besonders gut?
- ☑ Wie kann die aktuelle Unterstützung verbessert werden? Welche Angebote sollen zukünftig im Bildungsprozess des Kindes mehr Berücksichtigung finden?

In Anlehnung an die genannten Reflexionsfragen könnte Miriams Entwicklung im Bereich der „Pragmatischen Kompetenzen" wie folgt beschrieben werden:

Beispiel für eine qualitative Auswertung (Miriam, 4; 4 Jahre)

Zum ersten Zeitpunkt konnte bei Miriam im Bereich „Pragmatik" beobachtet werden, dass sie sich gerne mitteilt, vor allem, wenn sie die Möglichkeit hat, von Erlebtem zu berichten oder Geschichten zu erzählen. Sie beschreibt die Inhalte dabei sehr lebhaft, nutzt zum Beispiel häufig ihre Arme, um zu zeigen, wie hoch sie geklettert ist oder wie sie sich beim Verstecken die Augen zugehalten hat. Miriam erzählt (z.B. im Sitzkreis) häufig länger als andere Kinder, wobei ihr die Gruppe immer gerne zuhört. Sie erwirbt aktuell erste Kompetenzen in der Auseinandersetzung mit **neuen** Vereinbarungen oder Regeln, zum Beispiel auch die Vorschläge anderer Kinder gelten zu lassen, Regel- oder Rollenspiele auszuhandeln, auf Anweisungen der pädagogischen Fachkräfte einzugehen etc. Im Gespräch oder Spiel agiert Miriam mit viel Freude und beginnt, auch ihre Gesprächspartner zu Wort kommen zu lassen, sich zum Beispiel auf ihre Ideen zur Gestaltung von Spielsituationen einzulassen. Sie findet auch nach einer Auseinandersetzung (teils auch mit Unterstützung der pädagogischen Fachkräfte) wieder ins Spiel oder Gespräch hinein. Dabei zieht Miriam sich gelegentlich ein wenig zurück, da es für sie wichtig ist, die „neue" Situation zu beobachten und für sich zu bewerten, bevor sie sich wieder aktiv beteiligt. Miriam ist in der Gruppe beliebt, sie ist täglich im Spiel mit anderen Kindern und wird von diesen auch häufig als Spielpartnerin ausgesucht. Das Anerkennen und Eingehen auf die Vorschläge, Ideen und Anweisungen anderer stellt dabei ihren aktuellen Entwicklungsschritt dar.

Im Anschluss an die Beobachtung können solche Erkenntnisse skizzenhaft im Abschnitt „In diesem Bereich wurde beobachtet" eingetragen oder zusätzlich festgehalten werden. Außerdem sollen im Abschnitt „Daraus folgt für die Sprachbildung" erste Überlegungen zur anschließenden Unterstützung von Miriams pragmatischen Kompetenzen festgehalten werden. Dabei sollten zunächst eigene Ideen notiert und bei Bedarf auch auf die Anregungen zur Gestaltung alltagsintegrierter Sprachbildung, die in Kapitel 8.2 enthalten sind, zurückgegriffen werden (siehe Kapitel 5.2.2).

5.2.2 Interpretation der qualitativen Beobachtungsergebnisse

Im Rahmen der Auswertung stellt sich die Frage nach der Interpretation der Beobachtungsergebnisse. Im Folgenden wird beschrieben, wie die qualitativ orientierten Ergebnisse im Hinblick auf die Gestaltung von alltagsintegrierten Sprachbildungssituationen anhand von ***BaSiK*** (siehe Kapitel 8.2) interpretiert werden können.

Aufbauend auf den Ergebnissen der qualitativ orientierten Auswertung können Situationen abgeleitet werden, die natürliche Sprachanlässe des pädagogischen Alltags aufgreifen und direkt auf das betreffende Kind zugeschnitten sind. Nachdem eigene Ideen umgesetzt wurden, können durch die Tabellen 16 und 17 (siehe Kapitel 8.2) Bezüge zwischen Items und Sprachbildungssituationen hergestellt werden. Somit können passend zu jedem Item unterschiedliche Sprachbildungssituationen aus dem pädagogischen Alltag sowie geeignete Lieder, Spiele oder andere Aktivitäten ausgewählt werden.

Beispiel Miriam (4; 4 Jahre)
Die in Miriams Protokollbogen dokumentierten Erläuterungen weisen unter anderem darauf hin, dass sie zum Beispiel bereits sehr gute Kompetenzen im Erzählen von Geschichten und im Rollenspiel erworben hat. Ihre aktuellen Entwicklungsschritte bestehen vor allem im Eingehen und Anerkennen anderer Vorschläge, Ideen und Anweisungen (z.B. Item 2 der Skala „pragmatische Kompetenzen"). Aufbauend auf diesem Beobachtungsergebnis kann die pädagogische Fachkraft nun passend zum Item mögliche Sprachbildungssituationen aus der Tabelle 17 „Verbindung Sprachbeobachtung und Sprachbildungssituationen – ***BaSiK***-Ü3" (siehe Abbildung 4) entnehmen.

Kompetenzbereiche	Beobachtungs-Items in der *BaSiK*-Ü3-Version (3;0-6;11)												
	1	2	3	4	5	6	7	8	9	10	11	12	13
Auditiv	1e) 2a) 4a)	1e) 4a) 4b)	1e) 4a)	4b) 4c) 6a) 6c) 6d)	1e) 1g) 4a) 4b)	*1) *2)	*1) *2)	-	-	-	-	-	-
Mundmotorik	1d) 3a) 3b)	1d) 3a) 3b)	1d) 2f) 3b)	1d) 2f) 3b)	1d) 2a) 2f) ***2)**	*1) *2)	*1) *2)	-	-	-	-	-	-
Taktil-kinästhetisch	3c) 3d) 3f) 5a)	1h) 3d) 3e)	1h) 3c) 3g)	1h) 1i)	1d) 2b) 5a) 5b)	1h) 1i) 1g) 4c) 6b)	-	-	-	-	-	-	-
Emotional-motivational	1f) 6a) 6b) 6d)	1h) 1i) 3b) 3d) 3g) ***10)**	1h) 1i) 2a)	1h) 2b) 2c) ***3)**	2e) 3b) 3d) 3f) 3g) 6b)	1g) 1h) 2e) 3b) 3d) 3f)	1g) 2b) 2c) 2f)	1h) 1i) 6a) 6b)	-	-	-	-	-
Sozial	2d)	2a) 4c) 6d)	2b) 2c) 2f)	1h) 1g) 3d)	1g) 2a) 2b) 2c) ***4)**	1h) 1j) 3c)	1h) 2f) 6b)	-	-	-	-	-	-
Sprachverständnis	1a) 1j) 2f) 3c) 3f) 5a)	2e) 3b) 3d) 3f) 3g)	*10	1b) 1h) 1i) 2e) 5a)	6e)	6a) 6b)	1h) 3d) 3f)	-	-	-	-	-	-
Semantik Lexikon	1a) 1i) 5a)	1h) 2f) 3b) 3d) 3e) 5a) 6a)	1h) 3b) 6a) 6b)	1h) 2f) 3e) 4a) 5a)	1a) 1j) 2f) 3c) 3f) 5a)	1a) 2e) 3b) 3g)	2f) 3e) 3f)	-	-	-	-	-	-
Phonetik Phonologie	1d) 1e) 2a) 3a)	1d) 1e) 2a) 3a)	5a) 5b)	5a) 5b) 6c)	1c) 5a)	4a) 6c)	1c) 6c)	-	-	-	-	-	-
Prosodie	1e) 2a) 2c) 4c) 5a) 6a)	1e) 2a) 5a) 5b)	1e) 4c) 5a) 5b)	1e) 2e) 3g) 5a) 5b) 6a)	*1) *2)	-	-	-	-	-	-	-	-
Morphologie Syntax	1h) 1i) 6a)	1h) 3b) 3f) 6a)	1h) [illegible]	1f) 1h) 3e) 3f) 3g) 6a)	1h) 1i) 2f) 3c) 3e) 3f) 6a)	1f) 6a) 6d) 6e)	2c) 6a) 6b) 6d)	1h) 1i) 6a)	1h) 3b) 3f) 6a) 6b)	1f) 1h) 6a) ***6) *8)**	1f) 1h) 6a) ***6) *8)**	1f) 6d)	1f) 6d)
Pragmatik	1g) 2a) 4c)	2c) 4c) 6a) 6d)	1f) 1h) 2c) 3g)	1f) 6a) 6b) 6d)	1g) 1h) 2b) 2c)	2a) 2f) 5b)	1h) 1i) 1j) 3b) 3d) 3f)	1h) 2c)	1e) 1h) 1g) 2c)	2c) 2f) 3b) 5a)	*2) *4) *9)	-	-
Literacy	6a)	5a) 6a) 6c) 6d)	6b)	1f) 6a) 6b) 6d)	1f) 6a) 6e)	1f) 6a) 6b)	1f) 6a)	1f) 6a)	-	-	-	-	-

Abb. 4: Exemplarische Ableitung von Sprachbildungssituationen

Die Kürzel stehen für beispielhafte, alltagsnahe Situationen, Spiele, Lieder oder Aktivitäten, die (hier am Beispiel von Miriam) den Sprecherwechsel im Dialog spielerisch und an den Interessen des Kindes ansetzend unterstützen können. So ist in Kapitel 8.2 unter dem Kürzel **2c)** zum Beispiel eine Sprachbildungssituation zu finden, die sich auf das Rollenspiel bezieht und unter anderem Anregungen zur Unterstützung der Dialogführung und zum Verhandeln von Kompromissen beinhaltet:

2c) Im **Rollenspiel** (bzw. Symbolspiel bei jüngeren Kindern) können Spielpartnerschaften gebildet und in Interaktion immer vielfältigere und immer länger andauernde Spielthemen (Arztbesuch, Vater-Mutter-Kind) entwickelt werden. Nach Bürki (2002) ist ein gemeinsames Thema die Voraussetzung dafür, dass Spielanlässe entstehen, über die kommuniziert werden kann. Spielerisch entwickeln die Kinder ihre pragmatischen Kompetenzen. Sie brauchen Sprache, um ihr Spiel zu planen, sich abzustimmen und Kompromisse zu finden sowie ihr Handeln, Vorhaben und ihre Gefühle mitzuteilen. Im Rollenspiel erproben sich die Kinder in neuen Rollen und Verhaltensweisen oder nutzen das Spiel zur Verarbeitung erlebter Konfliktsituationen. [...]

Eine Sprachbildungssituation, die Miriams Stärken und Interessen im Bereich „Geschichten erzählen" mit dem aktuellen Entwicklungsschritt der Berücksichtigung des Sprechwechsels verbindet, findet sich unter dem Kürzel 6a).

6a) Bilderbücher ermuntern zum Aufschlagen, Blättern, Betrachten, Zeigen und vor allem zum Erzählen. Daher sollte jedes Kind im Gruppenraum, in einer Kuschelecke oder auch in anderen Räumen der Einrichtung (Flur, Bibliothek) Zugang zu Büchern haben. Ein Bilderbuch kann dann nicht nur allein, sondern auch gemeinsam vorgelesen und erlebt werden. [...] Über das dialogische Bilderbuchlesen kommt das Kind in die Lage, Gesehenes (Bild) mit dem Gehörten (Geschichte) zu verknüpfen und übt sich somit auch in längeren Aufmerksamkeitsspannen und dem Einnehmen verschiedener Rollen, wie zum Beispiel der **Sprecher oder Zuhörer eines Dialogs** zu sein. Unterstützt werden kann dies durch die pädagogische Fachkraft, indem sie unter anderem offene Fragen stellt, das Vorgelesene mit gemeinsamen Erfahrungen verknüpft und die kindlichen Äußerungen wiederholt und erweitert.

Aufbauend auf den Ergebnissen könnte zusätzlich im Rahmen alltagsintegrierter Sprachbildungssituationen das verständliche Mitteilen von Absichten und Ideen (Item 3 der Skala „pragmatische Kompetenz") unterstützt werden. Dazu könnten Miriams bereits bestehende Kompetenzen, zum Beispiel das lebhafte Erzählen und Schildern von Geschichten, genutzt und weiter ausgebildet werden (z.B. „Was muss ich noch berichten, damit die anderen meine Idee verstehen? Wie erfahre ich im Gespräch, ob die anderen mich verstanden haben?"). In diesem Kontext können weitere Stärken wie die Verwendung von Gestik und Mimik genutzt werden.

5.2.3 Quantitative (rechnerische) Auswertung

Die quantitative Auswertung der Sprachkompetenzen erfolgt in vier Schritten. Zunächst werden Summenwerte der entsprechenden Skalen gebildet. Dabei ist bei der ***BaSiK***-U3-Version auf die Items zu achten, die **altersbedingt nicht** in den Summenwert einfließen (Items für einjährige Kinder), während bei der ***BaSiK***-Ü3-Version die Summenwerte **je nach Alter des Erwerbsbeginns der deutschen Sprache** (age of onset) unterschiedlich gebildet werden. Dazu wurden auf der Auswertungsschablone, die sich an die Dokumentation anschließt, die Items, die den jeweiligen „richtigen" Summenwert ergeben, aufgeführt. In einem weiteren Schritt werden die zu den jeweiligen Summenwerten zugehörigen Norm- bzw. Orientierungswerte (in ***BaSiK*** werden T-Werte angegeben) aus den im Anhang zur Verfügung stehenden Tabellen ausgewählt. Diese geben Aufschluss darüber, wie die gebildeten Summenwerte eines Kindes, im Vergleich zu gleichaltrigen Kindern mit ähnlichem Erwerbsbeginn der deutschen Sprache, zu interpretieren sind (siehe Kapitel 7.1).

Beispiel für eine quantitative Auswertung: Miriam (4; 4 Jahre)
In Miriams Protokollbogen ergibt sich für die Skala „Pragmatische Kompetenzen" ein Summenwert von 27. Da Miriam die deutsche Sprache ab einem Alter von 2;6 Jahren erworben hat, wird für sie der DaZ-Summenwert gebildet (siehe Abbildung 5). In einem nächsten Schritt wird der zu einem Summenrohwert von 27 zugehörige T-Wert durch die Normtabellen, die sich im Anhang finden, bestimmt. Zunächst muss dabei geprüft werden, anhand welcher ***BaSiK***-Version (***BaSiK***-U3-Version oder ***BaSiK***-Ü3-Version) die Sprachentwicklung des Kindes beobachtet wurde. Danach wird je nach Alter und Erwerbsbeginn der deutschen Sprache die entsprechende Normtabelle ausgewählt. Im Beispiel von Miriam, die mit der ***BaSiK***-Ü3-Version beobachtet wurde, ist die Normtabelle für **4;0–4;11-jährige Kinder mit Deutsch als Zweitsprache** auszuwählen. Mit einem Summenrohwert von **27** in der Skala **„Pragmatik"** erreicht Miriam einen T-Wert von **50** (siehe Abbildung 6).

5.2.4 Interpretation der quantitativen Beobachtungsergebnisse

In ***BaSiK*** stehen, zugehörig zu den gebildeten Summenwerten, T-Werte zur Verfügung, um beurteilen zu können, ob die sprachlichen Kompetenzen des Kindes der Norm entsprechen oder von der Norm abweichend entwickelt sind. Generell sind unterschiedliche Wege der Klassifikation von Ergebnissen möglich und gültig (vgl. Moosbrugger & Kelava 2017). In ***BaSiK*** wurden T-Werte bestimmt, die – im Gegensatz zu sogenannten „Cut-Off"- oder Grenzwerten – einerseits einen differenzierten Vergleich zu Ergebnissen gleichaltriger Kinder mit ähnlichem Erwerbsbeginn der deutschen Sprache ermöglichen und andererseits eine detaillierte Aussage über den individuellen Sprachentwicklungsverlauf aufzeigen können. In Anlehnung an Maßstäbe der Verfahrenskonstruktion und Diagnostik wird für die ***BaSiK***-Skalen folgende Interpretation der T-Werte vorgenommen:

T-Wert	Interpretation	%
≥ 60	Überdurchschnittlich bis sehr gut entwickelte Sprachkompetenz	bis 100%
40–59	Durchschnittlich entwickelte Sprachkompetenz	bis 84%
≤ 39	Unterdurchschnittlich entwickelte Sprachkompetenz; zusätzliche Unterstützung erwägen	bis 16%

Abb. 5: Interpretation der T-Werte

Abschließend können die T-Werte der jeweiligen Skalen in das Sprachprofil, welches im Protokollbogen im Anschluss an die Auswertung zur Verfügung steht, eingetragen werden. Es wird empfohlen, die einzelnen Dokumentationszeiträume mit unterschiedlichen Farben einzutragen, sodass der individuelle Sprachentwicklungsverlauf direkt ersichtlich ist.

Auswertungsschablone *BaSiK*-Ü3-Version

Name des Kindes: Miriam

DaM: Das Kind hat die deutsche Sprache im Alter bis 23 Monate erworben

DaZ: Das Kind hat die deutsche Sprache ab 24 bis 83 Monaten erworben

Pragmatische Kompetenzen		Items	Summe Rohwert	T- Wert
DaZ	(1. Zeitpunkt)	1: 2, 2: 2, 3: 2, 4: 4, 5: 2, 6: 4, 7: 2, 8: 1, 9: 4, 10: 4	27	50
DaM	(1. Zeitpunkt)	1: __, 2: __, 3: __, 4: __, 5: __, 6: __, 7: __, 8: __, 9: __, 10: __		

Tab. 23: Normtabelle ***BaSiK*****-**Ü3-Version: Kinder im Alter von 4;0–4;11 Jahren mit Deutsch als Zweitsprache ($N = 145$)

Sprachkompetenzen													
Sprach-verständnis		Semantik / Lexikon		Phonetik / Phonologie		Prosodie		Morphologie / Syntax		Pragmatik		Literacy	
RW	T	RW	T	RW	T	RW	T	RW	T	RW	T	RW	T
7	30	7	31	6	32	4	30	13	35	10	27	6	30
8	34	8	35	7	36	5	35	14	37	11	31	7	36
9	37	9	36	8	39	6	37	15	39	12	33	8	40
10	40	10	40	9	41	7	39	16	40	13	37	9	43
11	42	11	42	10	42	8	40	17	41	14	36	10	45
12	44	12	43	11	45	9	42	18	42	15	36	11	47
13	45	13	44	12	46	10	44	19	43	15	37	12	49
14	47	14	46	13	48	11	47	20	44	17	39	13	50
15	48	15	47	14	49	12	50	21	44	18	40	14	51
16	49	16	48	15	51	15	53	22	44	19	42	15	52
17	50	17	49	16	54	14	55	23	45	20	43	16	54
18	51	18	51	17	57	15	59	24	46	21	44	17	55
19	53	19	52	18	59	16	65	25	46	22	45	18	57
20	54	20	53	19	61			26	47	23	46	19	60
21	56	21	55	20	64			27	48	24	47	20	62
22	57	22	57	21	65			28	49	25	48	21	64
23	58	23	59	22	67			29	49	26	49	22	67
24	60	24	61	23	69			30	50	27	50	23	69
25	60	25	63	24	74			31	51	28	51	24	73
26	65	26	67					32	51	29	53		
27	68	27	70					33	52	30	54		
28	73	28	73					34	53	31	55		
								35	55	32	56		
								36	56	33	58		
								37	56	34	60		
								38	57	35	61		
								39	58	36	63		
								40	58	37	63		

Abb. 6: Exemplarische Darstellung einer quantitativen Auswertung

6. Gütekriterien

Im Rahmen der Konstruktion und Analyse von ***BaSiK*** wurden die Gültigkeit und die Qualität der Verfahren überprüft. Hierzu wurden Gütekriterien herangezogen, die im Rahmen der Klassischen Testtheorie und der auf ihr beruhenden Test- bzw. Verfahrenskonstruktion gelten (Objektivität, Reliabilität, Validität), sowie Nebengütekriterien, die sich durch den pädagogischen Anwendungskontext ergeben (Ökonomie, Fairness, Nützlichkeit) (Bortz & Döring 2015; Moosbrugger & Kelava 2012). Im Folgenden soll zunächst auf die verfahrenstheoretischen Gütekriterien eingegangen werden. Im Anschluss werden die Nebengütekriterien diskutiert.

6.1 Objektivität

Ein Verfahren wird als objektiv beschrieben, wenn es durch unterschiedliche Anwender in gleicher Weise durchgeführt und ausgewertet sowie das Ergebnis des Verfahrens intersubjektiv gleich interpretiert wird (Moosbrugger & Kelava 2012). Bezogen auf den pädagogischen Kontext würde dies bedeuten, dass bei einem objektiven Beobachtungsverfahren zum Beispiel die Sprachentwicklung eines Kindes von unterschiedlichen pädagogischen Fachkräften übereinstimmend beobachtet, dokumentiert und interpretiert wird.

In ***BaSiK*** werden für den Großteil der Items (Beobachtungsaufgaben) alltagsnahe Beispiele beschrieben, die den Beobachtungsinhalt verdeutlichen sollen. Dadurch kann angenommen werden, dass bei unterschiedlichen Anwendern ein einheitliches Verständnis über die in den Items erfragten Kompetenzen entsteht und der Beobachtungsprozess weniger durch subjektive Urteile verzerrt wird. Im Hinblick auf die Dokumentation und Interpretation sind sowohl Auswertungsschablonen als auch Normtabellen in ***BaSiK*** enthalten, sodass unterschiedliche Anwender zu gleichen Urteilen kommen sollten. Zusätzlich wurde die Objektivität statistisch an einer Stichprobe von 15 Kindern, deren Sprachentwicklung durch drei unabhängige Beobachterinnen und Beobachter dokumentiert wurde, untersucht. Die Intra-Klassen-Korrelationen (ICC: zweifaktoriell, zufällig, unjustiert) der einzelnen Sprachskalen wiesen einen Median von ICC = .90 auf und deuten somit auf eine hohe Objektivität von ***BaSiK*** hin.

6.2 Reliabilität

Die Reliabilität eines Verfahrens ist gegeben, wenn es das zu erfassende Merkmal – hier die Sprachentwicklung des Kindes – zuverlässig und exakt bestimmen kann, ohne dass situative Einflüsse (z.B. die Tageszeit, das Verhalten des Kindes, die Beziehung zwischen pädagogischer Fachkraft und Kind) das Ergebnis verzerren (Moosbrugger & Kelava 2012). Als Reliabilitätskoeffizient der unterschiedlichen Sprachskalen wurde der Cronbach-α-Koeffizient (als Maß für die interne Konsistenz der einzelnen Sprachkompetenzbereiche) für die unterschiedlichen Norm- bzw. Altersgruppen bestimmt (siehe Tabelle 1 bis 3). Zusätzlich sind in den Tabellen 5 bis 6 Itemschwierigkeiten und Trennschärfen dargestellt, die Aufschluss darüber geben, ob die jeweiligen Items der zu erfassenden Sprachskalen leicht bzw. schwierig einzustufen sind und inwiefern sie zwischen den Kindern differenzieren.

Insgesamt lagen die Cronbach-α-Koeffizienten sowohl für die ***BaSiK***-U3-Version als auch für die BaSiK-Ü3-Version im guten Bereich (***BaSiK***-U3-Version: interne Konsistenz, Median Cronbachs α = .84, α-Range .58–.95; ***BaSiK***-Ü3-Version: interne Konsistenz, Median Cronbachs α = .87, α-Range .79–.97; siehe Tabelle 1 bis 3). Die Höhe der in den Tabellen 5 und 6 aufgeführten Itemschwierigkeiten deutet auf eine zufriedenstellende Differenzierungsfähigkeit des ***BaSiK***-Verfahrens hin. Sie illustriert zudem den Kompetenzzuwachs in den jeweiligen Altersstufen.

Ein Großteil der korrigierten Trennschärfen weist hohe Werte auf (r_{itk} > .50; 0s.; siehe Tabelle 5 bis 6). Dieser Befund macht deutlich, dass die Items der Sprachskalen in ***BaSiK*** so konstruiert sind, dass sie pro Kompetenzbereich Ähnliches erfassen und gut unterscheiden zwischen Kindern mit eher geringen und solchen mit eher hohen Kompetenzen.

Tab. 1: ***BaSiK*-U3-Version:** Interne Konsistenz (Cronbach-α-Koeffizient) der Sprachskalen der 1;0- bis–1;11-, 2; 0- bis 2;11- und 3;0- bis 3;5-jährigen Kinder

Sprachskala	***1;0 bis 1;11 Jahre (N = 62)***	***2;0 bis 2;11 Jahre (N = 191)***	***3;0 bis 3;5 Jahre (N = 80)***
Sprachverständnis	.91	.86	.82
Semantik/Lexikon	.94	.94	.91
Phonetik/Phonologie	.82	.87	.81
Prosodie	.58	.80	.86
Morphologie/Syntax	.93	.95	.92
Pragmatik	.83	.84	.81
Literacy	.78	.81	.81

Anmerkungen: *N* = Anzahl der Kinder

Tab. 2: ***BaSiK*-Ü3-Version:** Interne Konsistenz (Cronbach-α-Koeffizient) der Sprachskalen der 3;0- bis 3;11- und der 4;0- bis 4;11-jährigen Kinder mit DaM und Kinder mit DaZ

Sprachskala	**3;0 bis 3;11 Jahre**		**4;0 bis 4;11 Jahre**	
	DaM (*N* = 206)	**DaZ (*N* = 150)**	**DaM (*N* = 194)**	**DaZ (*N* = 145)**
Sprachverständnis	.90	.91	.87	.93
Semantik/Lexikon	.88	.92	.85	.93
Phonetik/Phonologie	.83	.85	.83	.84
Prosodie	.86	.88	.86	.87
Morphologie/Syntax	.94	.96	.92	.97
Pragmatik	.90	.93	.88	.90
Literacy	.80	.79	.85	.86

Anmerkungen: DaM = Deutsch als Muttersprache, DaZ = Deutsch als Zweitsprache, *N* = Anzahl der Kinder

Tab. 3: ***BaSiK*-Ü3-Version:** Interne Konsistenz (Cronbach-α-Koeffizient) der Sprachskalen der 5;0- bis 5;11- und der 6;0- bis 6;11-jährigen Kinder mit DaM und Kinder mit DaZ

Sprachskala	5;0 bis 5;11 Jahre		6;0 bis 6;11 Jahre	
	DaM (*N* = 193)	DaZ (*N* = 142)	DaM (*N* = 130)	DaZ (*N* = 47)
Sprachverständnis	.85	.93	.87	.91
Semantik/Lexikon	.82	.93	.86	.89
Phonetik/Phonologie	.82	.89	.87	.89
Prosodie	.85	.83	.84	.84
Morphologie/Syntax	.90	.96	.92	.95
Pragmatik	.87	.89	.88	.87
Literacy	.84	.81	.80	.81

Anmerkungen: DaM = Deutsch als Muttersprache, DaZ = Deutsch als Zweitsprache, *N* = Anzahl der Kinder

6.3 Validität

Ein Verfahren wird als valide oder gültig bezeichnet, wenn es die Kompetenzen dokumentiert, die es zu dokumentieren beabsichtigt (Moosbrugger & Kelava 2012). Bezogen auf den pädagogischen Alltag kann anhand eines validen Verfahrens zum Beispiel die Sprachentwicklung der Kinder beobachtet werden, ohne dass dabei weitere Fähigkeiten vorausgesetzt oder zusätzlich unbeabsichtigt erfasst werden. Würde etwa in einer Beobachtungsaufgabe erfragt, ob ein Kind bereits von 1 bis 10 zählen kann, um den Wortschatz zu prüfen, so würden hierbei auch erste mathematische Fähigkeiten vorausgesetzt bzw. miterhoben. Ein valides Verfahren hingegen begrenzt sich auf diejenigen Kompetenzen, die es dokumentieren will.

Eine Möglichkeit, die Validität eines Verfahrens zu prüfen, besteht darin, eine Beurteilung durch Experten vornehmen zu lassen, die entscheiden, ob die **inhaltliche Gültigkeit** des Verfahrens gegeben ist (Moosbrugger & Kelava 2012). Das gesamte ***BaSiK***-Verfahren sowie einzelne Items wurden sowohl von Wissenschaftlern der Sprachpädagogik, Linguistik und inklusiven Pädagogik als auch von Sprachheiltherapeuten und pädagogischen Fachkräften bezüglich der Inhalte, Struktur und Praxistauglichkeit beurteilt und als geeignet eingestuft.

Die **Konstruktvalidität,** die unter anderem beschreibt, wie adäquat ein Verfahren dasjenige Konstrukt erfasst, das es erfassen soll (hier die Sprachentwicklung), kann zum Beispiel anhand von korrelativen Zusammenhängen mit bereits untersuchten und bewährten Verfahren, die das gleiche oder ein ähnliches Konstrukt messen, eingeschätzt werden (konvergente Validität; vgl. z.B. Moosbrugger & Kelava 2012). Ein solches zur Prüfung der konvergenten Validität der in ***BaSiK*** enthaltenen Skalen geeignetes Instrument ist das Bielefelder Screening zur Früherkennung von Lese-Rechtschreibschwierigkeiten (BISC) (Jansen et al. 2002). An einer Stichprobe von 47 Kindern wurden Zusammenhänge zwischen den anhand der ***BaSiK***-Ü3-Version erfassten Sprachskalen und der Summe der Risikopunkte des BISC untersucht. Es ergaben sich signifikante Korrelationen in die erwartete Richtung zwischen allen ***BaSiK***-Sprachskalen und der Summe der Risikopunkte des BISC, die statistisch für die Validität der ***BaSiK***-Ü3-Version sprechen (siehe Tabelle 4).

Tab. 4: Korrelationen zwischen den ***BaSiK***-Sprachskalen und den BISC-Risikopunkten ($N = 47$)

	***BaSiK*-Sprachskalen**						
	SV	**SL**	**PP**	**Pro**	**MS**	**Pra**	**L**
BISC Summe Risikopunkte	-.45**	-.46**	-.26(*)	-.39**	-.35*	-.42**	-.47**

Anmerkungen: SV = Sprachverständnis, SL = Semantik/Lexikon, PP = Phonetik/Phonologie, Pro = Prosodie, MS = Morphologie/Syntax, Pra = Pragmatik, L = Literacy, (*) = $p < .1$, * = $p < .05$. ** = $p < .01$

Der durch ***BaSiK*** erfasste und mit dem Altersanstieg einhergehende Kompetenzzuwachs der Kinder (siehe Tabelle 5 & 6) liefert nach Macha, Proske und Petermann (2005) zusätzlich einen Hinweis auf die zufriedenstellende Konstruktvalidität der Verfahren.

6.4 Nebengütekriterien

Bei der Beurteilung der Qualität und Güte eines Verfahrens sollten nicht nur verfahrenstheoretische Kriterien berücksichtigt werden. Zusätzlich ist auch auf eine Passung zur Praxis bzw. zum Anwendungskontext zu achten. Anhand von ***BaSiK*** soll die Sprachentwicklung von Kindern im Alltag der Kindertageseinrichtungen prozessbegleitend beobachtbar sein. Somit wurde im Rahmen der Verfahrenskonstruktion Wert auf eine ökonomische und zumutbare Umsetzung und Auswertung gelegt. Der zeitliche Aufwand der Dokumentation beträgt – je nachdem, ob das gesamte Verfahren durchgeführt wird oder lediglich Items für einzelne Sprachskalen ausgefüllt werden – pro Kind circa 20 bis 40 Minuten. Dabei ist anzumerken, dass insgesamt ein Beobachtungszeitraum von vier Wochen vorausgesetzt wird (siehe Kapitel 5). Die Auswertung und Interpretation werden durch die Auswertungsschablone sowie die Normtabellen erleichtert. Zudem bieten die mehrfachen Ankreuzmöglichkeiten und das Sprachprofil die Möglichkeit, die sprachlichen Kompetenzen übersichtlich und im Vergleich zu früheren Beobachtungszeiträumen darzustellen. Praktikerinnen und Praktiker lobten zusätzlich, dass mit der Anwendung der Verfahren keine Testsituation einhergeht, sondern die Kinder in ihrem gewohnten Umfeld beobachtet werden können. Insgesamt ist ***BaSiK*** somit als ökonomisch und zumutbar zu bewerten.

Außerdem wurde der Sprachentwicklung mehrsprachig aufwachsender Kinder besondere Beachtung geschenkt. So wurden in die ***BaSiK***-Ü3-Version mehrere Items aufgenommen, die der statistischen Analyse zufolge besonders informativ für die Kinder mit sukzessivem Spracherwerb sind[6]. Zudem wurde eine Normierung nach dem „Zeitpunkt des Erwerbs der deutschen Sprache" erstellt (siehe Kapitel 7), um die Kompetenzen der Kinder mit sukzessivem Spracherwerb in fairer Weise beurteilen zu können.

Ein weiteres Qualitätsmerkmal von ***BaSiK*** liegt in der Nützlichkeit des Verfahrens. So gibt es bislang kaum vergleichbare standardisierte Beobachtungsverfahren, die sowohl für mehrsprachig aufwachsende Kinder als auch für Kinder mit Deutsch als Erstsprache eine Dokumentation der Sprachentwicklung ab dem ersten Lebensjahr bis zum Schuleintritt ermöglichen. An dieser Stelle sind die Verfahren Liseb (Mayr, Kieferle & Schauland 2017), Sismik (Ulich & Mayr 2018) und Seldak (Ulich & Mayr 2018) zu nennen, die in kombinierter Anwendung eine Alternative zu ***BaSiK*** darstellen.

6 Auf den Protokollbögen sind die entsprechenden Items gekennzeichnet.

Tab. 5: ***BaSiK*-U3-Version:** Itemschwierigkeiten und Trennschärfen der Sprachskalen im Überblick

Alter	Sprachverständnis		Semantik / Lexikon		Phonetik / Phonologie		Prosodie		Morphologie / Syntax		Pragmatik		Literacy	
	P_m	r_{itk}	P_m	r_{itk}	P_m	r_{itk}	P_m	r_{itk}	P_m	r_{itk}	P_m	r_{itk}	P_m	r_{itk}
1;0–1;11	.38 – .93	.65 – .82	.30 – .49	.70 – .92	.29 – .88	.12 – .83	.43 – .79	.26 – .51	.29 – .51	.59 –.91	.29 – .87	.35 – .75	.29 – .79	.42 – .70
2;0–2;11	.54 – .97	.45 – .80	.62 – .72	.76 – .88	.39 – .82	.58 – .82	.66 – .82	.56 – .74	.50 – .80	.59 – .86	.49 – .77	.54 – .72	.37 – .79	.41 – .74
3;0–3;5	.67 – .99	.49 – .75	.69 – .80	.69 – .80	.47 – .89	.46 – .67	.74 – .81	.65 – .69	.65 – .81	.21 – .86	.60 – .80	.56 – .71	.39 – .77	.43 – .71

Anmerkungen: P_m = Itemschwierigkeit für mehrstufige Itembeantwortungen nach Fisseni (1990), r_{itk} = korrigierte Trennschärfe

Tab. 6: ***BaSiK*-Ü3-Version:** Itemschwierigkeiten und Trennschärfen der Sprachskalen im Überblick

Alter	Sprachverständnis		Semantik / Lexikon		Phonetik / Phonologie		Prosodie		Morphologie / Syntax		Pragmatik		Literacy	
	P_m	r_{itk}	P_m	r_{itk}	P_m	r_{itk}	P_m	r_{itk}	P_m	r_{itk}	P_m	r_{itk}	P_m	r_{itk}
3;0–3;11 DaM	.59 – .71	.72 – .77	.58 – .72	.70 – .79	.47 – .69	.53 – .65	.66 – .75	.64 – .74	.52 – .77	.62 – .81	.59 – .87	.48 – .77	.30 – .72	.36 – .71
3;0–3;11 DaZ	.38 – .60	.67 – .80	.38 – .55	.64 – .83	.33 – .55	.57 – .74	.59 – .65	.70 – .79	.33 – .50	.63 – .88	.44 – .67	.59 – .78	.28 – .61	.34 – .69
4;0–4;11 DaM	.78 – .84	.60 – .75	.77 – .85	.66 – .74	.68 – .82	.55 – .67	.74 – .83	.68 – .74	.64 – .88	.59 – .79	.68 – .95	.31 – .72	.43 – .74	.49 – .75
4;0–4;11 DaZ	.51 – .72	.66 – .85	.50 – .74	.64 – .82	.44 – .69	.56 – .69	.68 – .78	.66 – .80	.45 – .66	.65 – .85	.57 – .82	.57 – .76	.40 – .67	.57 – .77
5;0–5;11 DaM	.85 – .91	.60 – .72	.86 – .93	.62 – .71	.80 – .89	.46 – .67	.83 – .88	.66 – .75	.74 – .92	.45 – .81	.73 – .97	.29 – .77	.62 – .83	.51 – .76
5;0–5;11 DaZ	.66 – .82	.71 – .84	.66 – .86	.63 – .86	.62 – .79	.56 – .78	.74 – .83	.57 – .73	.57 – .78	.68 – .86	.68 – .89	.51 – .80	.53 – .72	.41 – .74
6;0–6;11 DaM	.88 – .93	.66 – .73	.88 – .93	.68 – .80	.83 – .89	.62 – .76	.84 – .90	.60 – .76	.80 – .93	.39 – .81	.77 – .98	.45 – .70	.73 – .84	.48 – .64
6;0–6;11 DaZ	.71 – .90	.54 – .82	.76 – .90	.47 – .82	.74 – .85	.48 – .78	.81 – .88	.48 – .78	.65 – .89	.66 – .84	.74 – .94	.29 – .77	.73 – .80	.43 – .72

Anmerkungen: Pm = Itemschwierigkeit für mehrstufige Itembeantwortungen nach Fisseni (1990), *ritk* = korrigierte Trennschärfe

7. Stichprobenanalyse & Normierung

Im Zuge der Normierung von ***BaSiK*** wurden die Beobachtungen von insgesamt 1.593 Kindern im Alter von 1;0 bis 6;11 Jahren aus 76 Kindertageseinrichtungen ausgewertet. Bei 384 Kindern wurde die ***BaSiK***-U3-Version angewendet, während 1.209 Kinder mit der ***BaSiK***-Ü3-Version beobachtet wurden. Insgesamt gingen die Daten von 775 Mädchen (49%) und 787 Jungen (49%) in die Analyse ein (bei 2% der Kinder lagen keine Angaben zum Geschlecht vor). Im Hinblick auf den Erwerb der deutschen Sprache lag bei dem Großteil der Kinder (N = 951) ein monolingualer Spracherwerb vor, während 642 Kinder einen bi- bzw. multilingualen Spracherwerb aufwiesen. In den Tabellen 7 und 8 sind die Stichproben beider ***BaSiK***-Verfahren nach dem Alter (Jahresstufen), dem Alter bei Erwerbsbeginn der deutschen Sprache (Erstsprache, simultaner bzw. sukzessiver Spracherwerb) sowie dem Geschlecht differenziert dargestellt.

Tab. 7: Stichprobe der ***BaSiK*-U3-Version** (N = 384)

BaSiK-U3	**Erwerbsbeginn der deutschen Sprache**				**Geschlecht**	
Alter	Erstsprache	Simultaner Spracherwerb	Sukzessiver Spracherwerb 1	Sukzessiver Spracherwerb 2	Mädchen	Jungen
1;0–1;11	55	7	-	-	29	32
2;0–2;11	161	30	26	-	98	113
3;0–3;5	70	10	25	-	55	57

Anmerkungen: Ein simultaner Spracherwerb liegt vor, wenn ein Kind bis zu seinem 23. Lebensmonat mit der deutschen Sprache in Kontakt getreten ist bzw. sich im deutschen Spracherwerbsprozess befunden hat. Ein sukzessiver Spracherwerb liegt vor, wenn ein Kind ab seinem 24. (bzw. 48.) Lebensmonat bis zu seinem 47. (bzw. 83.) Lebensmonat mit der deutschen Sprache in Kontakt getreten ist bzw. sich im deutschen Spracherwerbsprozess befunden hat.

Tab. 8: Stichprobe der ***BaSiK*-Ü3-Version** (N = 1209)

BaSiK-Ü3	**Erwerbsbeginn der deutschen Sprache**				**Geschlecht**	
Alter	Erstsprache	Simultaner Spracherwerb	Sukzessiver Spracherwerb 1	Sukzessiver Spracherwerb 2	Mädchen	Jungen
3;0–3;11	176	30	143	7	161	170
4;0–4;11	179	15	127	18	166	173
5;0–5;11	187	6	97	45	172	163
6;0–6;11	123	9	23	24	94	79

Anmerkungen: Ein simultaner Spracherwerb liegt vor, wenn ein Kind bis zu seinem 23. Lebensmonat mit der deutschen Sprache in Kontakt getreten ist bzw. sich im deutschen Spracherwerbsprozess befunden hat. Ein sukzessiver Spracherwerb liegt vor, wenn ein Kind ab seinem 24. (bzw. 48.) Lebensmonat bis zu seinem 47. (bzw. 83.) Lebensmonat mit der deutschen Sprache in Kontakt getreten ist bzw. sich im deutschen Spracherwerbsprozess befunden hat.

7.1 Normierung der BaSiK-Versionen

Zur Klärung der Frage, nach welchen Faktoren (Alter, Alter bei Erwerbsbeginn der deutschen Sprache, Geschlecht etc.) ***BaSiK*** normiert werden sollte, wurden – nach Prüfung der Voraussetzungen – t-Tests sowie ein- und mehrfaktorielle Varianzanalysen durchgeführt.

Für die ***BaSiK***-U3-Version wurde mittels zweifaktorieller Varianzanalyse mit den Faktoren „Alter in Jahresstufen" und „Geschlecht" geprüft, ob geschlechtsbedingte Unterschiede in den Sprachkompetenzen zwischen den verschiedenen Altersgruppen der Kinder (siehe Tabelle 7) bestehen. Die Ergebnisse wiesen auf signifikante Haupteffekte des Alters der Kinder in allen Sprachskalen hin, während nur ein Haupteffekt des Faktors „Geschlecht" gefunden wurden (siehe Tabelle 9). Zusätzlich wurde in einer weiteren einfaktoriellen Varianzanalyse untersucht, ob ebenfalls Unterschiede vorliegen, wenn das Alter der Kinder weiter in Halbjahresstufen differenziert wird[7]: Zwar fanden sich signifikante Unterschiede, den Post-hoc-Tests zufolge

[7] Um einer Kumulierung des Alpha-Fehlers entgegenzuwirken, wurde das Signifikanzniveau nach Bonferroni korrigiert (Rasch et al. 2014).

jedoch nicht zwischen den jeweils angrenzenden Halbjahresstufen, sodass sich eine halbjahresgestufte Normierung hier nicht empfiehlt. Bezüglich des Mehrspracherwerbs musste in dem ***BaSiK***-U3-Verfahren aufgrund der Stichprobengröße (siehe Tabelle 7) auf eine separate Normierung verzichtet werden. Die Ergebnisse der Varianzanalyse in Tabelle 9 beruhen daher ausschließlich auf den Daten der Kinder mit Deutsch als Erstsprache.

Die Zusammenschau der Befunde ließ bei der ***BaSiK***-U3-Version eine Normierung nach Jahresstufen als geeignet erscheinen[8]. Der Haupteffekt des Faktors „Geschlecht" (Literacy) blieb zugunsten der Stichprobengröße in der Normierung unberücksichtigt. Zudem ist anzumerken, dass keine Normierung für einjährige Kinder erstellt wurde, da in diesem Alter die „normale" Sprachentwicklung sehr variabel verläuft; sinnvoller ist eine Orientierung an bestimmten Markern, um Auffälligkeiten in der Sprachentwicklung zu prüfen (vgl. Wendlandt 2016). Die ***BaSiK***-U3-Version eignet sich dennoch zur Beobachtung der Sprachentwicklung einjähriger Kinder, da die sprachlichen Kompetenzen auch in dieser Altersgruppe zuverlässig bzw. in sich konsistent bewertet wurden (siehe Kapitel 6.2).

Tab. 9: *BaSiK*-U3-Version: Zweifaktorielle Varianzanalyse mit den Faktoren „Alter in Jahresstufen" und „Geschlecht"

Sprachskala	**Alter in Jahresstufen**		**Geschlecht**	
	F (df)	*p*	*F (df)*	*p*
Sprachverständnis	29.72 (2, 172)	<.001	0.87 (1, 172)	> .05
Semantik/Lexikon	61.63 (2, 172)	<.001	2.05 (1, 172)	> .05
Phonetik/Phonologie	24.07 (2, 172)	<.001	3.81 (1, 172)	> .05
Prosodie	11.51 (2, 172)	<.001	0.80 (1, 172)	> .05
Morphologie/Syntax	44.99 (2, 172)	<.001	1.88 (1, 172)	> .05
Pragmatik	41.38 (2, 172)	<.001	1.42 (1, 172)	> .05
Literacy	7.94 (2, 172)	<.002	4.11 (1, 172)	< .05

Anmerkungen: F = Teststatistik, df = Freiheitsgrade, p = Irrtumswahrscheinlichkeit, M = Mittelwert, SD = Standardabweichung

Tab. 10: *BaSiK*-U3-Version: Mittelwerte und Standardabweichung der Normgruppen in den Sprachkompetenzen

Sprachskala	2;0–2;11 Jahre (*N* = 191)		3;0–3;5 Jahre (*N* = 80)	
	M	*SD*	*M*	*SD*
Sprachverständnis	18.89	3.63	20.43	3.57
Semantik/Lexikon	16.18	6.28	19.71	4.69
Phonetik/Phonologie	12.32	4.20	13.78	3.77
Prosodie	11.94	3.03	12.46	3.03
Morphologie/Syntax	18.85	8.11	22.99	7.05
Pragmatik	12.49	4.33	14.23	4.02
Literacy	14.14	4.27	14.73	4.40

Anmerkungen: DaM = Deutsch als Erstsprache bzw. simultaner Spracherwerb, DaZ = sukzessiver Erwerb der deutschen Sprache, M = Mittelwert, SD = Standardabweichung

[8] Die Verteilungen der Summenwerte wurden sowohl mittels Kolmogorov-Smirnov-Test als auch anhand visueller Inspektion auf das Vorliegen einer Normalverteilung überprüft (Diehl & Staufenbiel 2007). Dabei erwies sich der Großteil der Verteilungen als normal. Bei wenigen Verteilungen lagen unsystematische Abweichungen von der Normalverteilung vor, die durch eine Flächentransformation (McCall) normalisiert wurden (vgl. Moosbrugger & Kelava 2012; Bortz & Döring 2015).

Bezüglich der ***BaSiK***-Ü3-Version sollte geprüft werden, ob je nach Erwerbsbeginn der deutschen Sprache geschlechtsbedingte Unterschiede in den Sprachkompetenzen zwischen den verschiedenen Altersgruppen der Kinder (siehe Tabelle 8) vorliegen[9]. Dabei wurden hinsichtlich des Faktors „Alter bei Erwerbsbeginn der deutschen Sprache" zunächst die Gruppen „Deutsch als Erstsprache", „simultaner Spracherwerb", „sukzessiver Spracherwerb 1 (Erwerbsbeginn der deutschen Sprache liegt zwischen 24 und 47 Monaten)" und „sukzessiver Spracherwerb 2 (Erwerbsbeginn der deutschen Sprache liegt zwischen 48 und 83 Monaten)" (siehe Tabelle 8) in einer einfaktoriellen Varianzanalyse näher untersucht. Zwar bestanden signifikante Unterschiede zwischen den vier genannten Gruppen, allerdings wiesen die Post-hoc-Tests darauf hin, dass sich die Kinder, die Deutsch als Erstsprache erworben haben, nicht von denen unterschieden, die einen simultanen Spracherwerb aufwiesen. Außerdem fanden sich keine Unterschiede in den Sprachkompetenzen zwischen den Kindern mit sukzessivem Spracherwerb 1 und sukzessivem Spracherwerb 2. Diese Ergebnisse decken sich mit der Annahme, dass sich der monolinguale Erstspracherwerb und der simultane Spracherwerb kaum voneinander unterscheiden. Gleiches gilt für die Unterscheidbarkeit von sukzessivem Spracherwerb 1 und sukzessivem Spracherwerb 2 (siehe Kapitel 2.5). Somit wurde im Zuge der Normierung bezüglich des Faktors „Zeitpunkt des Erwerbs der deutschen Sprache" zwischen den Gruppen „Deutsch als Erstsprache bzw. simultaner Spracherwerb (DaM)" und „sukzessiver Spracherwerb 1 bzw. sukzessiver Spracherwerb 2 (DaZ)" differenziert.

Anschließend wurde in einer dreifaktoriellen Varianzanalyse mit den Faktoren „Erwerbsbeginn der deutschen Sprache", „Alter in Jahresstufen" und „Geschlecht" geprüft, ob je nach Erwerbsbeginn der deutschen Sprache geschlechtsbedingte Unterschiede in den Sprachkompetenzen zwischen den Altersgruppen (siehe Tabelle 8) bestehen. Die Ergebnisse wiesen auf signifikante Haupteffekte der Faktoren „Alter in Jahresstufen" ($F(21,3276) = 21{,}59$; $p < .001$) und „Zeitpunkt des Erwerbs der deutschen Sprache" ($F(7, 1090) = 52{,}65$; $p < .001$) in allen Sprachkompetenzen hin (siehe Tabelle 11). Zudem ergaben sich einige signifikante Interaktionen dieser Faktoren, die darauf hindeuten, dass Kinder, die die deutsche Sprache als monolingual oder simultan (DaM) erwerben, mit zunehmendem Alter den größten sprachlichen Kompetenzzuwachs im Vergleich zu allen anderen Kindern in der Sprachentwicklung aufweisen. Die signifikanten Haupteffekte des Faktors „Geschlecht" in den Sprachskalen ließen sich durch eine anschließende Analyse mittels t-Tests[10] vor allem durch die Stichprobe der dreijährigen Kinder erklären. In den anderen Normgruppen konnten keine signifikanten geschlechtsbedingten Unterschiede in den Sprachskalen gefunden wurden.

Diesen Befunden folgend, wurde die Normierung der ***BaSiK***-Ü3-Version nach dem Alter der Kinder in Jahresstufen und dem Zeitpunkt des Erwerbs der deutschen Sprache erstellt[11]. Eine getrennte Normierung für Jungen und Mädchen in den Stichproben der dreijährigen Kinder wurde zugunsten der Stichprobengröße sowie der Praktikabilität nicht vorgenommen.

[9] Dabei wurden die Items zugrunde gelegt, die für Kinder gelten, die Deutsch als Erstsprache bzw. simultan erworben haben. Die Items, die zusätzlich in den Summenwert für Kinder mit sukzessivem Spracherwerb einfließen, wurden nachträglich wieder hinzugefügt.

[10] Um einer Kumulierung des Alpha-Fehlers entgegenzuwirken, wurde das Signifikanzniveau nach Bonferroni korrigiert (Rasch et al. 2014).

[11] Die Verteilungen der Summenwerte wurden erneut anhand Kolmogorov-Smirnov-Test (bzw. Shapiro-Wilk-Test) und durch visuelle Inspektionen auf das Vorliegen einer Normalverteilung überprüft (Diehl & Staufenbiel 2007), dabei erwies sich der Großteil der Verteilungen als normal. Bei wenigen Verteilungen lagen unsystematische Abweichungen von der Normalverteilung vor, die wiederum durch eine Flächentransformation (McCall) normalisiert wurden (vgl. Moosbrugger & Kelava 2012; Bortz & Döring 2015).

Tab. 11: ***BaSiK*-Ü3-Version:** Haupteffekte und Interaktionen der dreifaktoriellen Varianzanalyse für die Faktoren „Alter in Jahresstufen" sowie „Zeitpunkt des Erwerbs der deutschen Sprache"

Sprachskala	Alter in Jahresstufen		Zeitpunkt des Erwerbs der deutschen Sprache		Alter in Jahresstufen *Erwerbszeitpunkt	
	F (df)	*P*	*F (df)*	*p*	*F (df)*	*p*
Sprachverständnis	134.63 (3, 1109)	< .001	253.08 (1, 1111)	<.001	2.73 (3, 1109)	<.05
Semantik/Lexikon	148.94 (3, 1109)	< .001	262.66 (1, 1111)	<.001	5.42 (3, 1109)	<.005
Phonetik/Phonologie	153.80 (3, 1109)	< .001	100.02 (1, 1111)	<.001	2.13 (3, 1109)	>.05
Prosodie	59.18 (3, 1109)	< .001	34.06 (1, 1111)	<.001	1.03 (3, 1109)	> .05
Morphologie/Syntax	123.58 (3, 1109)	< .001	246.72 (1, 1111)	<.001	6.57 (3, 1109)	< .001
Pragmatik	107.97 (3, 1109)	< .001	62.95 (1, 1110)	<.001	2.67 (3, 1109)	< .05
Literacy	125.99 (3, 1109)	< .001	57.75 (1, 1111)	<.001	2.90 (3, 1109)	< .05

Anmerkungen: F = Teststatistik, df = Freiheitsgrade, p = Irrtumswahrscheinlichkeit, M = Mittelwert, SD = Standardabweichung

Tab. 12: ***BaSiK*-Ü3-Version:** Mittelwerte und Standardabweichung der Normgruppen in den Sprachkompetenzen

Sprachskala	3;0–3;11 Jahre		4;0–4;5 Jahre		5;0–5;11 Jahre		6;0–6;11 Jahre	
	DaM (N = 206)	DaZ (N = 150)	DaM (N = 194)	DaZ (N = 145)	DaM (N = 193)	DaZ (N = 142)	DaM (N = 132)	DaZ (N = 47)
	M (SD)	*M (SD)*	*M (SD)*	*M (SD)*	*M (SD)*	*M (SD)*	*M (SD)*	*M (SD)*
Sprachverständnis	12.74 (3.83)	8.40 (3.73)	16.02 (3.05)	11.13 (4.50)	17.43 (2.54)	13.76 (4.32)	18.08 (2.54)	15.47 (3.96)
Semantik/Lexikon	10,49 (3.34)	6.59 (2.90)	12.98 (2.53)	8,91 (3.43)	14.33 (1.97)	11.06 (3.53)	14.49 (2.22)	12.85 (2.86)
Phonetik/ Phonologie	13.67 (4.15)	10.64 (4.13)	17.64 (3.79)	14.00 (4.50)	19.68 (3.50)	16.55 (4.84)	20.56 (3.58)	19.07 (4.44)
Prosodie	11.32 (3.03)	9.66 (3.56)	12.81 (2.72)	11.57 (3.44)	13.77 (2.39)	12.44 (2.87)	14.05 (2.26)	13.72 (2.54)
Morphologie/ Syntax	28.99 (8.43)	18.41 (8.25)	34.48 (6.59)	24.49 (9.31)	38.02 (5.54)	29.41 (9.28)	38.63 (6.11)	34.50 (7.61)
Pragmatik	26.23 (6.57)	20.75 (7.76)	29.95 (5.52)	26.15 (7.94)	33,11 (4.96)	29.52 (6.83)	34.12 (5.03)	32.61 (5.41)
Literacy	13.51 (3.74)	10.43 (3.57)	15.51 (3.98)	13.45 (4.93)	18.08 (3.82)	15.72 (4.27)	19.40 (3.55)	18.52 (3.78)

Anmerkungen: DaM = Deutsch als Erstsprache bzw. simultaner Spracherwerb, DaZ = sukzessiver Erwerb der deutschen Sprache, M = Mittelwert, SD = Standardabweichung

7.2 Zusätzlich erhobene Merkmale

Im Rahmen der Erprobung von ***BaSiK*** wurden neben dem Alter, dem Erwerbsbeginn der deutschen Sprache und dem Geschlecht auch weitere Informationen erfragt, die bezüglich der Sprachentwicklung von Bedeutung sind (Rothweiler & Ruberg 2011). So war von Interesse, ob und welche anderen Erstsprachen die Kinder erworben hatten, ob zum Zeitpunkt der Beobachtung Unterstützung im Bereich Sprache und Kommunikation vorlag und in welcher Geschwisterposition sich die betreffenden Kinder befanden.

Im Hinblick auf den Zweit- bzw. Mehrspracherwerb der deutschen Sprache wird in unterschiedlichen Theorien der Einfluss der Erstsprache bzw. der Ähnlichkeit von Erstsprache und deutscher Sprache diskutiert (Rothweiler & Ruberg 2011). Bei der Rekrutierung der Normierungsstichprobe der Kinder mit DaZ wurde darauf geachtet, dass möglichst viele unterschiedliche Erstsprachen vorlagen (siehe Tabelle 13). Somit kann angenommen werden, dass die Normwerte, die für Kinder mit sukzessivem Spracherwerb berechnet wurden, für unterschiedlichste Erstsprachen gelten.

Tab. 13: Erstsprachen bei Kindern der Normierungsstichprobe mit sukzessivem Spracherwerb (N = 535)

	Sprachgruppen							
	Türkisch	Russisch	Arabisch	Romanische Sprachen	Weitere slawische Sprachen	Indoiranische Sprachen	Weitere indogermanische Sprachen	Andere
Anzahl der Kinder	194	77	45	44	38	64	52	19

Anmerkungen: *Romanische Sprachen* = Italienisch, Französisch, Spanisch, Portugiesisch, Rumänisch; *Weitere slawische Sprachen* = Bosnisch, Serbokroatisch, Kroatisch, Mazedonisch, Polnisch, Serbisch, Slowenisch, Tschechisch, Ukrainisch; *Indoiranische Sprachen* = Afghanisch, Persisch, Kurdisch, Urdu u.a.; *Weitere indogermanische Sprachen* = Englisch, Albanisch, Griechisch, Afrikaans, Armenisch, Litauisch u.a.; *Andere* = Ungarisch, Tschetschenisch, Tamil, Triginya, Akkadisch, Chinesisch, Finnisch, Vietnamesisch, Syrisch, Twi, Massa, Fula

Es wurde im Zuge der Datenerhebung zusätzlich geprüft, ob Kinder der Normierungsstichprobe an Sprachfördermaßnahmen teilnahmen. Insgesamt erhielten 113 Kinder Unterstützung im Bereich „Sprache und Kommunikation" in Form von Sprachtherapie oder Logopädie. Im Rahmen der Stichprobenanalyse wurde entschieden, diese Kinder nicht aus der Normierungsstichprobe auszuschließen, um die heterogene Sprachentwicklung, die in den unterschiedlichen Gruppen der Kindertageseinrichtungen vorliegt, abzubilden. Kinder, bei denen eine diagnostizierte Hörstörung vorlag (N = 15), wurden aus der Normierung ausgeschlossen.

Hinsichtlich der Geschwisterreihung wird vor allem der positive Einfluss älterer Geschwister auf die Sprachentwicklung betont (Bridges & Hoff 2014; Obregon 2012). In den Tabellen 14 und 15 ist für beide ***BaSiK***-Versionen dargestellt, bei wie vielen Kindern jüngere und ältere Geschwister in den jeweiligen Normgruppen existierten. Um zu prüfen, ob Unterschiede in den Sprachkompetenzen bestehen, wenn ältere Geschwister vorhanden sind, wurden t-Tests[12] gerechnet. Es ergaben sich keinerlei signifikante Unterschiede zwischen Kindern mit und ohne ältere Geschwister in ihren sprachlichen Fähigkeiten.

Tab. 14: *BaSiK*-U3-Version: Geschwisterreihung in den Normgruppen

Normgruppe	Ältere Geschwister	Jüngere Geschwister	Einzelkind	Zwilling
2;0–2;11 (N = 169)	99	27	50	2
3;0–3;5 (N = 74)	44	14	23	2

[12] Um einer Kumulierung des Alpha-Fehlers entgegenzuwirken, wurde das Signifikanzniveau nach Bonferroni korrigiert (Rasch et al. 2014).

Tab. 15: ***BaSiK*-Ü3-Version:** Geschwisterreihung in den Normgruppen

Normgruppe	Ältere Geschwister	Jüngere Geschwister	Einzelkind	Zwilling
3;0–3;11 (DaM) (N = 206)	123	44	49	6
3;0–3;11 (DaZ) (N = 150)	81	41	19	5
4;0–4;11 (DaM) (N = 195)	97	58	47	8
4;0–4;11 (DaZ) (N = 200)	76	60	20	-
5;0–5;11 (DaM) (N = 195)	102	64	35	5
5;0–5;11 (DaZ) (N = 142)	72	63	19	3
6;0-6;11 (DaM) (N = 132)	155	43	20	1
6;0–6;11 (DaZ) (N = 47)	26	22	1	2

Anmerkungen: DaM = Deutsch als Erstsprache bzw. simultan, DaZ = sukzessiver Spracherwerb 1 bzw. sukzessiver Spracherwerb 2

7.3 Zusammenfassung der Normierung

Abschließend lässt sich zusammenfassen, dass bei der ***BaSiK***-U3-Version eine Normierung nach Jahresstufen (2;0–2;11 Jahre vs. 3;0–3;5 Jahre) vorgenommen wurde, während für die ***BaSiK***-Ü3-Version neben den Jahresstufen (3;0–3;11 vs. 4;0–4;11 vs. 5;0–5;11 vs. 6;0–6;11) zusätzlich der Erwerbsbeginn der deutschen Sprache berücksichtigt wurde („Erstsprache bzw. simultan (DaM)" vs. „sukzessiver Spracherwerb 1 bzw. sukzessiver Spracherwerb 2 (DaZ)"). Die Normtabellen finden sich im Anhang.

Da die Stichprobengröße nicht in allen Altersstufen ausreichte (mehr als 120 Kinder), um Normen zu erstellen, wurden die Vergleichswerte hier als „Orientierungstabelle" bezeichnet. Dies betrifft die Kinder im Alter von 3;0 bis 3;5 Jahren in der ***BaSiK***-U3-Version und die Kinder von 6;0 bis 6;11 Jahren mit Deutsch als Zweitsprache in der BaSiK-Ü3-Version.

Teil III

8. Gestaltung alltagsintegrierter Sprachbildungssituationen

Durch eine differenzierte Beobachtung und Dokumentation der individuellen Sprachentwicklung in alltäglichen Situationen soll deutlich werden, wo sich das Kind in seiner sprachlichen Entwicklung befindet und welche Anregungen und Unterstützungen für das Kind sinnvoll sein können. Aufbauend auf den Beobachtungsergebnissen können Maßnahmen einer alltagsintegrierten Sprachbildung, die natürliche Sprachanlässe des pädagogischen Alltags aufgreifen, abgeleitet werden.

Im Folgenden wird anhand ausgewählter Sprachbildungsstrategien und Beispielsituationen des pädagogischen Alltags veranschaulicht, wie die Sprachentwicklung der Kinder alltagsintegriert, interessengeleitet und kindgemäß unterstützt werden kann. Eine sprachförderliche Grundhaltung aller pädagogischen Fachkräfte ist eine wichtige Grundvoraussetzung für die Sprachbildung (siehe Kapitel 2.4). In diesem Zusammenhang bieten sich verschiedene Strategien an, die kindliche Sprachentwicklung zu unterstützen. Da im Rahmen alltagsintegrierter Sprachbildung zudem keine vorgegebenen Materialien oder Zeitpläne existieren, werden im Anschluss an die Sprachbildungsstrategien ausgewählte Sprachbildungssituationen beschrieben. Diese sind Bereichen und Themen zugeordnet, die die kindliche Entwicklung betreffen und überdies im pädagogischen Alltag präsent sind.

8.1 Sprachbildungsstrategien

Im Alltag von Kindertageseinrichtungen finden sich auf der Basis einer sprachförderlichen Grundhaltung vielfältige Möglichkeiten, die sprachliche Entwicklung eines Kindes zu begleiten und zu unterstützen. Ritterfeld (2000), Szagun (2016), Dannenbauer (1994), Weinert und Grimm (2018) beschreiben kommunikative Strategien, die auch von (früh-)pädagogischen Fachkräften ganz bewusst eingesetzt werden können, um die kindliche Sprachentwicklung alltagsintegriert zu unterstützen:

Gemeinsame Aufmerksamkeit

Bei der **gemeinsamen Aufmerksamkeit** lenken Erwachsener und Kind ihre Aufmerksamkeit zur selben Zeit auf dasselbe Geschehen oder denselben Gegenstand. Diese Situationen sind sehr gut zur Wortschatzerweiterung geeignet. Um einen gemeinsamen Aufmerksamkeitsfokus herzustellen, gilt es genau zu beobachten (Wo schaut das Kind hin? Welche Interessen hat es? Worüber will es sprechen? Was zeigen seine Gestik, Mimik und Körperhaltung?), abzuwarten, die Führung abzugeben (das Kind kann bestimmen, wann z.B. umgeblättert oder zum nächsten Spiel gewechselt wird) und zuzuhören. Besonders gut zum Herstellen eines gemeinsamen Aufmerksamkeitsfokus eignet sich das dialogische Bilderbuchlesen (Whitehurst et al. 1988).

> Das Kind schaut in die Richtung eines Hundes auf der Straße.
> Pädagogische Fachkraft: „Schau mal, da ist ein brauner Hund, der bellt."
> Kind (zeigt): „Da, Hund bellt."

Handlungsbegleitendes Sprechen

Die Strategie des **handlungsbegleitenden Sprechens** hilft beim Wortschatzaufbau und bei der Wortschatzerweiterung, indem Bezugspersonen Handlungen des Kindes und eigene Handlung sprachlich untermauern. So können die Kinder einen direkten Bezug zwischen Handlung und Sprache herstellen und erhalten Informationen über Zusammehänge (Wer tut was und womit, was wirkt auf wen, mit wem passiert etwas etc.?).

> Bei einer Anziehsituation begleitet die pädagogische Fachkraft die eigene Handlung: „Jetzt ziehen wir deine Jacke an, und dann kommen die Schuhe. Zuerst der rechte Fuß, dann der linke Fuß. Wo versteckt der sich denn?"

Verbesserte Wiederholung

Die Strategie der **verbesserten Wiederholung** (korrektives Feedback) wirkt unterstützend und hat eine bestätigende sowie gesprächsmotivierende Funktion. Bei sprachlichen Äußerungen wird das Kind nicht ausdrücklich auf seine möglichen sprachlichen Fehler hingewiesen, der Erwachsene wiederholt vielmehr die Aussage des Kindes noch einmal in korrigierter Form. Die Äußerung wird somit indirekt korrigiert. Korrekte Begriffe, Klangbilder und Satzstrukturen werden durch die Wiederholung „ganz nebenbei" eingeprägt. Durch das wertschätzende Wiederholen wird die Aufmerksamkeit des Kindes gebunden; es bekommt Lust, weiterzuerzählen, und merkt, dass ihm zugehört und es verstanden wird.

Kind: „Lea, da hindefallt."
Pädagogische Fachkraft: „Ja genau, Lea ist hingefallen."

Verbesserte Wiederholung mit Erweiterung

Bei der **verbesserten Wiederholung mit Erweiterung** (Expansion) werden kindliche Äußerungen aufgegriffen, vervollständigt, korrigiert und um weitere grammatische und/oder inhaltliche Elemente ergänzt. Mit dieser Strategie werden dem Kind sprachliche Informationen der nächsthöheren Entwicklungsstufe angeboten. Hierdurch wird es in die Lage versetzt, sich auf diese nächste Zone hinzubewegen.

Kind: „June saute."
Pädagogische Fachkraft: „Ja genau! Der Junge schaukelt, er schaukelt ganz hoch."

Extension

Bei der **Extension** führt der Erwachsene eine kindliche Äußerung unter Einbau einer semantischen oder grammatikalischen Zielstruktur sachlogisch weiter. Hier erhält das Kind, ähnlich wie bei der Expansion, Informationen auf einem höheren Entwicklungslevel. Dadurch können sowohl inhaltliche Zusammenhänge als auch grammatikalische Strukturen verdeutlicht und angebahnt werden.

Kind: „Tür zu."
Pädagogische Fachkraft: „Oh ja, der Wind hat die Tür zugeknallt."

Gute Fragen

Gute Fragen wirken sprachanregend und erfordern unterschiedlich komplexe sprachliche Leistungen. Voraussetzung für den Einsatz gezielter sprachförderlicher Fragen ist die gemeinsame Aufmerksamkeit. Der Fokus der Fragen sollte demnach auf Dingen liegen, die das Kind interessieren. Die Art der Fragestellung beeinflusst jedoch, welche Antworten wir bekommen. Offene Frageformen regen zum Erzählen an, während geschlossene (Ja/Nein-)Fragen eher für das Abfragen von Wissen genutzt werden. Sprachförderliche Fragen lassen umfangreiche Antworten zu und tragen dazu bei, dass sich ein Gespräch entwickelt. Die Betonung der Sprachmelodie von Fragen (am Ende einer Frage ein Anheben der Stimme) weckt die Neugierde des Kindes und zeigt ihm, dass es sich um eine Frage handelt und eine Antwort erwartet wird. Wichtig ist es hier, dem Kind angemessene Zeit zum Reagieren und Antworten zu geben und sich an dessen Entwicklungsstand zu orientieren.

Kind spielt mit einem Auto auf dem Bauteppich.
Pädagogische Fachkraft: „Welche Fahrzeuge kennst du denn noch?"

Widerspruchsprovokation

Die **Widerspruchsprovokation** stellt eine strategische Möglichkeit dar, das Kind humorvoll zum Sprechen zu animieren. Der Erwachsene benennt hierbei einen Sachverhalt oder Gegenstand absichtlich nicht korrekt – unter der Annahme, dass das Kind den Fehler bemerkt. Durch den humorvollen Umgang mit Sprache und die Umkehrung der Hierarchie (pädagogische Fachkraft in der Rolle des Lernenden, Kind in der Rolle des Lehrenden) werden die Sprechfreude des Kindes geweckt und ein Gesprächsanlass für einen Dialog gegeben. Wichtig ist auch hier die Anpassung an den Entwicklungsstand des Kindes, damit es nicht zu Missverständnissen kommt.

Kind und pädagogische Fachkraft sehen eine Katze.
Pädagogische Fachkraft: „Guck mal! Ein Hund! Der kann bestimmt laut bellen, wau wau wau!"
Kind: „Nein, das ist doch eine Katze!"
Pädagogische Fachkraft: „Achso, das ist eine Katze, stimmt ja. Und wie macht die? I-A, I-A?"
Kind: „Nein, die macht doch Miau!"
Pädagogische Fachkraft: „Stimmt ja."

Anschließend könnte ein weiterführendes Gespräch über (Lieblings-)Tiere und deren Stimmen stattfinden.

Redirects
Wie Kinder sich auch gegenseitig beim Spracherwerb unterstützen und wirkungsvolle Sprachvorbilder füreinander sein können, beschreiben Schuele und Rice (1995) mit den **Redirects** (Weiterleitungen). Dabei handelt es sich um eine kommunikative Strategie, die pädagogische Fachkräfte im Alltag von Kindertageseinrichtungen anwenden können. Tritt ein Kind innerhalb einer Spielsituation an die pädagogische Fachkraft heran oder fordert sie zum gemeinsamen Spiel auf, wird es mithilfe der Weiterleitung an ein anderes Kind verwiesen: „Frag doch Jan, ob er mit dir in die Bauecke geht!" Im Idealfall entsteht aus der Weiterleitung eine gelungene Kind-Kind-Interaktion (Albers 2009).

Grundsätzlich sollten sich Kommunikationsangebote und -strategien so oft wie möglich an den individuellen Interessen der Kinder, ihren eigenen Themen und Lebenswelten orientieren. Dies kann zu einer unerwarteten Steigerung der Äußerungen und zu enormer Ausdauer führen, Kontakt anzubahnen (vgl. Albers, Jungmann & Lindmeier 2009). Wichtig ist in jedem Fall eine angemessene Dosierung der Strategien (Qualität vor Quantität) sowie die Orientierung an den sprachlichen Fähigkeiten der Kinder. Der Einsatz der Strategien sollte natürlich und authentisch wirken, sodass das Kind diese nicht erkennt und die pädagogische Fachkraft sich selbst nicht verstellen muss. Die Sprechfreude des Kindes sollte dabei immer im Vordergrund stehen.

8.2 Bereiche, Themen und Situationen alltagsintegrierter Sprachbildung

Eine in den Alltag integrierte Sprachbildung kann sowohl Alltagssituationen und -handlungen aufgreifen und sich zunutze machen als auch Situationen bewusst schaffen, um sprachliche Kompetenzen der Kinder zu unterstützen. Um beide Möglichkeiten im Zusammenhang mit den ***BaSiK***-Beobachtungsitems (Beobachtungsaufgaben) zu berücksichtigen, sind im Nachfolgenden exemplarische Sprachbildungssituationen angeführt, die verschiedenen Alltagsthemen zugeordnet sind: **(1) Bewegung, (2) Sozialverhalten, (3) Körper, Gesundheit und Ernährung, (4) Ruhe und Entspannung, (5) Rhythmik und Musik** und **(6) Literacy**.

Es handelt sich hierbei zum einen um konkrete Spielideen und Vorschläge, die der pädagogischen Fachkraft als Anregung für die praktische Arbeit dienen. Zum anderen werden ausgewählte Alltagssituationen beschrieben, und anhand dieser wird exemplarisch aufgezeigt, welche Sprachanlässe die unterschiedlichen Alltagsthemen bieten und wie dieses sprachliche Potenzial von der pädagogischen Fachkraft unterstützt werden kann. Hierbei sind das Bereitstellen und Ermöglichen von Sprachbildungssituationen von ebenso großer Bedeutung wie das Anleiten von Spielen, Liedern oder Aufgaben durch die pädagogische Fachkraft.

Die Themenauswahl und die jeweils darunter zu findende Zuordnung der exemplarischen Sprachbildungssituationen ist als eine von mehreren Einteilungsmöglichkeiten anzusehen. Es sind selbstverständlich weitere Themenbereiche und Einteilungen denkbar und im pädagogischen Alltag allgegenwärtig. Auch die einzelnen Sprachbildungssituationen sind generell nicht nur einem einzigen Themenbereich zuzuordnen, sondern können je nach Schwerpunktsetzung und Situation ebenso anderen Themen zugeteilt sein und bieten dementsprechend auch weiteres Sprachbildungspotenzial. Zudem ist es bei jedem konkreten Beispiel sinnvoll, das Alter des Kindes zu berücksichtigen und gegebenenfalls Anpassungen vorzunehmen.

Mithilfe der nachfolgenden Tabellen 16 und 17 werden die Sprachbildungssituationen in Verbindung mit den Beobachtungsitems von ***BaSiK*** gesetzt, um eine Verknüpfung der Sprachentwicklungsbeobachtung und der Sprachbildung zu erreichen. Jedem Beobachtungsitem werden hier verschiedene Kürzel für exemplarische Sprachbildungssituationen zugeordnet, deren Beschreibungen sich im Anschluss an die Tabellen befinden. Ausnahmen bilden wenige Items, die lediglich der Hintergrundinformation oder Sensibilisierung der pädagogischen Fachkraft für mögliche, auf die Sprachentwicklung einflussnehmende Faktoren dienen (z.B. „... hat eine diagnostizierte Hörstörung"). Die Tabellen sind jeweils so aufgebaut, dass die einzelnen Kompetenzbereiche von ***BaSiK*** (Basis- und Sprachkompetenzen) untereinander aufgelistet sind (linke Spalte). Auf der horizontalen Tabellenachse sind jeweils die einzelnen nummerierten Fragen bzw. Items nebeneinander angeordnet.

Tab. 16: *BaSiK*-U3-Version: Verbindung von Sprachbeobachtung und Sprachbildungssituationen

Kompetenz-bereiche	Beobachtungs-Items in der *BaSiK*-U3 -Version (1;0-3;5)								
	1	2	3	4	5	6	7	8	9
Auditiv	1e) 2a) 4a)	1e) 4a) 4b)	1g) 4a) 4b)	1e) 1g) 4a) 4b)	*1) *2)	*1) *2)	-	-	-
Mund-motorik	1d) 3a) 3b)	1d) 3a) 3b)	1d) 3a) 3b)	1d) 2f) 3b)	1d) 2f)	*1) *2)	*1) *2)	1d) 1i) 3a) ***2)***	-
Taktil-kinästhetisch	3c) 3d) 3f) 4c) 5a)	1h) 3e)	1h) 1i)	1d) 2b) 5a) 5b)	1h) 3c) 3g)	-	-	-	-
Emotional-motivational	1f) 6a) 6b)	1f) 1h) 1i) 3f) 3g)	1h) 2b) 2c) ****3)***	1h) 1i) 3a) 6b)	2a) 4b) 4c) 6a) 6b)	1h) 1i) 2a)	-	-	-
Sozial	2d)	1h) 1g) 3d)	1h) 2b) 2c)	1h) 1j) 2c) 3c) 4c)	2a) 4c)	1g) 2a) 2b) 2c) ****4)***	1h) 2c) 3b) 3f)	1h) 2c) 3b) 3d) 3g) 6b)	-
Sprach-verständnis	1a) 3c) 3d) 3f) 5a) 6a)	2e) 3b) 3d) 3f) 6a)	2e) 3b) 3d)	1a) 1j) 2f) 3c) 3f) 5a) 6a)	5a) 5b) 6a) 6d)	1b) 1h) 1i) 2e) 5a)	1b) 1h) 1i) 2e) 5a)	-	-
Semantik Lexikon	1a) 1j) 3c) 3d) 3f) 5a)	1a) 1i) 5a)	1h) 3b) 6a) 6b)	1h) 1f) 2c) 6a) ****5)***	1h) 2f) 3d) 3e) 5a) 6a) 6b)	1a) 1j) 2f) 3c) 3f) 5a)	*1) *8)	-	-
Phonetik Phonologie	*7) *1) *2)	1e) 2a) 2c) 6a)	1d) 1e) 2a) 3a)	1d) 1e) 2a) 3a)	1d) 1e) 2a) 3a)	5a) 5b)	5a) 5b) 6c)	-	-
Prosodie	1e) 2c) 4c) 5a) 5b)	1e) 2a) 5a) 5b)	1e) 2e) 3g) 5a) 5b) 6a)	1e) 4c) 5a) 5b)	*1) *2)	-	-	-	-
Morphologie Syntax	1f) 1h) 2c) 3b) 3f) 6a) 6b)	1f) 1h) 3e) 3f) 3g) 6a)	1h) 1i) 2e) 6a)	1h) 3b) 3f) 6a) 6b)	1f) 1h) 6a) ****6) *8)***	1f) 1h) 6a), ****6) *8)***	1f) 6d)	1h) 3d) 3f) 6a) 6b)	-
Pragmatik	*7) *2)	1h) 3b) 3f) 3g) 6a)	1h) 2c) 3c)	2a) 2e) 6a)	1f) 2f) 5b)	2c) 4c) 6a)	1f) 6a) 6b)	2f) 3b) 5a)	*2) *4) *9)
Literacy	6a)	6a)	6a)	6b)	1f) 6a) 6e)	1f) 6a) 6b)	-	-	-

Tab. 17: ***BaSiK*-Ü3-Version:** Verbindung von Sprachbeobachtung und Sprachbildungssituationen

Kompetenz-bereiche	Beobachtungs-Items in der *BaSiK*-Ü3-Version (3;0-6;11)												
	1	2	3	4	5	6	7	8	9	10	11	12	13
Auditiv	1e) 2a) 4a)	1e) 4a) 4b)	1e) 4a)	4b) 4c) 6a) 6c) 6d)	1e) 1g) 4a) 4b)	*1) *2)	*1) *2)	-	-	-	-	-	-
Mund-motorik	1d) 3a) 3b)	1d) 3a) 3b)	1d) 2f) 3b)	1d) 2f) 3b)	1d) 2a) 2f) ***2)**	*1) *2)	*1) *2)	-	-	-	-	-	-
Taktil-kinästhetisch	3c) 3d) 3f) 5a)	1h) 3d) 3e)	1h) 3c) 3g)	1h) 1i)	1d) 2b) 5a) 5b)	1h) 1i) 1g) 4c) 6b)	-	-	-	-	-	-	-
Emotional-motivational	1f) 6a) 6b) 6d)	1h) 1i) 3b) 3d) 3g) ***10)**	1h) 1i) 2a)	1h) 2b) 2c) ***3)**	2e) 3b) 3d) 3f) 3g) 6b)	1g) 1h) 2e) 3b) 3d) 3f)	1g) 2b) 2c) 2f)	1h) 1i) 6a) 6b)	-	-	-	-	-
Sozial	2d)	2a) 4c) 6d)	2b) 2c) 2f)	1h) 1g) 3d)	1g) 2a) 2b) 2c) ***4)**	1h) 1j) 3c)	1h) 2f) 6b)	-	-	-	-	-	-
Sprach-verständnis	1a) 1j) 2f) 3c) 3f) 5a)	2e) 3b) 3d) 3f) 3g)	*10	1b) 1h) 1i) 2e) 5a)	6e)	6a) 6b)	1h) 3d) 3f)	-	-	-	-	-	-
Semantik Lexikon	1a) 1i) 5a)	1h) 2f) 3b) 3d) 3e) 5a) 6a)	1h) 3b) 6a) 6b)	1h) 2f) 3e) 4a) 5a)	1a) 1j) 2f) 3c) 3f) 5a)	1a) 2e) 3b) 3g)	2f) 3e) 3f)	-	-	-	-	-	-
Phonetik Phonologie	1d) 1e) 2a) 3a)	1d) 1e) 2a) 3a)	5a) 5b)	5a) 5b) 6c)	1c) 5a)	4a) 6c)	1c) 6c)	-	-	-	-	-	-
Prosodie	1e) 2a) 2c) 4c) 5a) 6a)	1e) 2a) 5a) 5b)	1e) 4c) 5a) 5b)	1e) 2e) 3g) 5a) 5b) 6a)	*1) *2)	-	-	-	-	-	-	-	-
Morphologie Syntax	1h) 1i) 6a)	1h) 3b) 3f) 6a) 6b)	1h) 3d) 3f) 6b)	1f) 1h) 3e) 3f) 3g) 6a)	1h) 1i) 2f) 3c) 3e) 3f) 6a)	1f) 6a) 6d) 6e)	2c) 6a) 6b) 6d)	1h) 1i) 6a)	1h) 3b) 3f) 6a) 6b)	1f) 1h) 6a) ***6) *8)**	1f) 1h) 6a) ***6) *8)**	1f) 6d)	1f) 6d)
Pragmatik	1g) 2a) 4c)	2c) 4c) 6a) 6d)	1f) 1h) 2c) 3g)	1f) 6a) 6b) 6d)	1g) 1h) 2b) 2c)	2a) 2f) 5b)	1h) 1i) 1j) 3b) 3d) 3f)	1h) 2c)	1e) 1h) 1g) 2c)	2c) 2f) 3b) 5a)	*2) *4) *9)	-	-
Literacy	6a)	4a) 4b) 4c) 5a) 6a) 6c) 6d)	6b)	1f) 6a) 6b) 6d)	1f) 6a) 6e)	1f) 6a) 6b)	1f) 6a)	1f) 6a)	-	-	-	-	-

Erklärungshinweise zu den Tabellen 16 & 17

1) Gegebenenfalls Absprache mit den Eltern/dem Arzt
2) Item dient vorwiegend dem Einholen von Hintergrundinformationen und der Sensibilisierung der pädagogischen Fachkraft
3) Siehe Kapitel 8.1: Sprachbildungsstrategien, „Widerspruchsprovokation"
4) Siehe Kapitel 8.1: Sprachbildungsstrategien, „Redirects"
5) Siehe Kapitel 8.1: Sprachbildungsstrategien, „Gute Fragen"
6) Siehe Kapitel 8.1: Sprachbildungsstrategien, „Verbesserte Wiederholung"
7) Siehe Kapitel 2.3: Sprache entsteht durch soziale Interaktion, „Babytalk"
8) Siehe Kapitel 4.2.3: Orientierungspunkte der Sprachentwicklung
9) Siehe Kapitel 2.3: Sprache entsteht durch soziale Interaktion, „Peer-Group"
10) Siehe Kapitel 2.4: Die Rolle der pädagogischen Fachkraft

(1) Bewegung

a) Bewegungsspiele können den aktiven und passiven Wortschatz und ebenso die Wortbedeutung unterstützen. Beim Springen, Laufen, Gehen, Schleichen wird die Wortbedeutung erfahren und der Wortschatz erweitert. Gemeinsam mit der pädagogischen Fachkraft können die Kinder Bewegungsformen erproben und nach Benennungen suchen. Was unterscheidet das Springen vom Laufen, das Schleichen vom Stampfen? Beim „Astronautenspiel" (Madeira Firmino 2012, S. 130) wird neben dem Erfahren verschiedener Verbbedeutungen in Bewegung zudem das Benennen unterschiedlicher Körperteile geübt.

b) Kinder können durch Bewegungshandlungen nachvollziehen, was auf, unter, hinter oder vor dem Tisch bedeutet und die entsprechenden Begriffe bzw. Lagebezeichnungen kennenlernen. **Bewegungsspiele,** bei denen **Präpositionen** eine Rolle spielen, können so den kindlichen Wortschatzerwerb unterstützen. Ein Beispiel, bei dem die pädagogische Fachkraft unterschiedliche Präpositionen in ein Bewegungsspiel mit einbeziehen kann, stellt das Spiel „Bienen in der Bäckerei" dar (Zimmer 2016, S. 179).

c) In Bewegung kann die **akustische Einheit von Silben** von Kindern leichter wahrgenommen werden. Durch das rhythmische Gehen, Springen, Klatschen oder Hüpfen können Wörter spielerisch in ihre Silben zerlegt und laut ausgesprochen werden. Dies kann die Entwicklung der **phonologischen Bewusstheit** im weiteren Sinne unterstützen, bei der das Kind die Lautstruktur von Wörtern zu erfassen lernt. Die pädagogische Fachkraft kann zusätzlich dazu anregen, möglichst lange Wörter (z.B. E-le-fan-ten-rüs-sel) oder Wörter, die nur aus einer einzigen Silbe (z.B. Kuh) bestehen, zu finden. Ein Spielbeispiel, bei dem es um die Verknüpfung von Sprechrhythmus und Bewegungsrhythmus geht, ist „Die Silbenkönigin" (Zimmer 2016, S. 170).

d) Bereits in den ersten Lebensmonaten erkunden Kleinkinder Dinge mit dem Mund. **Mundmotorik-Spiele** können auch für ältere Kinder dazu beitragen, die für die **Lautproduktion** notwendige Mundmuskulatur (z.B. Zunge, Wangen, Atemmuskulatur) und die Feinmotorik des Sprechapparats anzuregen. Strohalme zum Ansaugen oder Wegpusten von Wattekugeln, Lebensmittel, die zum festen Kauen anregen, oder Musikinstrumente, deren Gebrauch den Mundschluss erfordern, bieten spielerische, aber dennoch effektive Trainingsmöglichkeiten für die Mundmuskulatur. So können die Kinder die Wirkung ihres Tuns spüren und sehen. Eine Auswahl an Mundmotorik-Spielen findet sich zum Beispiel bei Adams, Struck und Tillmanns-Karus (2010), Suhr (2008) oder Zimmer (2016).

e) Kinder ahmen im Spiel gerne **Tiergeräusche** nach. Sie versetzen sich spielerisch in eine andere Rolle, experimentieren mit ihrer Stimme, mit Lauten, mit ihrer Mimik. Die pädagogische Fachkraft kann die Interessen der Kinder aufgreifen und zum Beispiel gemeinsam mit den Kindern besprechen, welches Tier welches Geräusch macht und wie die Laute der Tiere bezeichnet werden können (z.B. ein Hund bellt, ein Huhn gackert ...). Neben der **Lautbildung** erfordert zum Beispiel das Spiel „Arche Noah" zudem das genaue Hören, Erkennen und Unterscheiden der Tiergeräusche **(Lautdifferenzierung)** (Zimmer 2012b, S. 93).

f) Bei **Ausflügen** (z.B. im Zoo, Straßenverkehr, Wald) bietet bereits die gemeinsame Planung **vielfältige Sprachbildungsanlässe.** Das Ausflugsziel, der Zeitplan und die Aktivität selbst können vorausschauend mit den Kindern besprochen, Fragen gestellt und Erwartungen formuliert werden. Die Aktivität an sich fordert das Kind zum Entdecken des Ausflugziels heraus, bei dem auch **Schriftbilder,** zum Beispiel Straßenschilder oder Schilder am Zoogehege, vom Kind mit großem Interesse wahrgenommen werden. Durch Expansion und Extension kann die pädagogische Fachkraft die Äußerungen der Kinder aufgreifen und weiterführen sowie durch begleitende offene Fragen die gemeinsame Kommunikation zusätzlich vertiefen (siehe Kapitel 8.1). Auch im Nachhinein regen gemeinsame Ausflüge und Aktionen den natürlichen Drang des Kindes an, von einem aufregenden Erlebnis zu erzählen und anderen Personen Fotos oder Mitbringsel zu zeigen und zu erklären.

g) Fangspiele bringen nicht nur schnelle Bewegungen im Raum mit sich, sondern ermöglichen zudem vielfältige Interaktionen. Dadurch werden die beteiligten Kinder in unterschiedlichsten Sozialkompetenzen und ihrem **sprachlichen Handeln** gefordert: der Umgang mit Regeln, im Spiel unterschiedliche Rollen einnehmen (Fänger, Gefangener, Helfender etc.), Rücksicht auf andere nehmen, Hilfe anbieten oder annehmen und mit Misserfolgen umgehen. Beim Fangen und Gefangenwerden kann das Verwenden von **aktiven und passiven Verbformen** spielerisch eingebunden werden (z.B. fangen und gefangen werden). Durch das Erzählen von Geschichten, bei der die Kinder zum Beispiel auf ein Signalwort hin gefangen werden, kann zudem die auditive Diskrimination angesprochen werden (Zimmer 2012b).

h) Bewegungsbaustellen fordern die Kinder durch das Bereitstellen verschiedener Materialien zum Bauen, Konstruieren und Experimentieren heraus. Der Umgang mit einfachen (Alltags-)Materialien wie Holzklötzen unterschiedlicher Form, Größe und Farbe, Brettern, Schläuchen, Schaumstoffteilen, Dosen, Tüchern etc. ermöglicht vielfältige **Sinnes- und Bewegungserfahrungen** sowie das Erkunden der materialspezifischen Räumlichkeit, Beschaffenheit und Verwendbarkeit (Miedzinski & Fischer 2009).
Hierbei kann nicht nur das Ergebnis des eigenen Handelns und Wirkens erfahren werden, sondern es entstehen auch Fragen und Vermutungen, Symbol- und Rollenspiele, die vielfältige Anlässe zum Sprechen und Erzählen bieten. In den Bewegungssituationen kommt das Kind mit **komplexen Satzstrukturen** in Berührung. So kann die pädagogische Fachkraft zum Beispiel beim Bau einer Höhle durch sprachförderliche Fragen das Kind dazu anregen, Kausalsätze zu formulieren: „Ich brauche das Tuch, weil ich eine Höhle bauen will." Auch Präpositionen und Kasusmarkierungen (auf den Kasten, hinter die Matte), Adjektive (das Brett ist hart, der Ball ist rot, ich renne schnell), Verben (rutschen, hüpfen, klettern) oder auch Pluralbildungen (eine Dose, zwei Dosen) werden im Handeln mit dem Material erfahrbar und der **Wortschatz** spielerisch erweitert. Durch das Bereitstellen von Materialien kommen Kinder leichter miteinander in Kontakt und lernen zum Beispiel, um Hilfe zu bitten oder anderen zu helfen. Sie lernen, Spielobjekte zu teilen oder auch das eigene Tun deutlich zu machen und sich auch einmal durchzusetzen. Situationen dieser Art bieten die Basis für die Anwendung von Redirects (siehe Kapitel 8.1), durch die die pädagogische Fachkraft Peer-Interaktionen unterstützen kann.

i) Für eine **Bewegungslandschaft** werden mit verschiedenen Geräten Innenräume der Kindertageseinrichtung, wie (Natur-) Landschaften, gestaltet. Die so konstruierten Hindernisse, verschiedenen Ebenen und materialen Untergründe ermöglichen den Kindern großräumige Bewegungs- und Raumerfahrungen und das Erproben der eigenen Sinne, Kräfte und Fähigkeiten (z.B. beim Hochklettern, schnell Herunterrutschen, über die Brücke balancieren). Eine bodennahe Gestaltung zum Krabbeln, Kriechen, Überwinden und Verstecken bietet bereits für jüngere Kinder erste Herausforderungen. Für Kinder, die bereits sicher laufen, sind Möglichkeiten zum Klettern, Steigen und Springen reizvoll (Zimmer 2014b) und motivieren zum **sprachlichen Begleiten des eigenen Spiels:** „Ich klettere jetzt auf den Berg. Oh, das ist aber ziemlich wackelig!"
Die pädagogische Fachkraft kann durch ihre Haltung als interessierter Gesprächspartner die Sprechfreude des Kindes zusätzlich unterstützen und zum Beispiel durch offene Fragen die aktuelle Spielhandlung als Sprachanlass nutzen: „Wie kommst du auf den Berg? Was willst du auf dem Berg machen? Springst du weit oder machst du einen kurzen Sprung auf die Matte?"
Situationen dieser Art bieten neben der Möglichkeit zur kindlichen **Wortschatzerweiterung** auch die Gelegenheit, einen **gemeinsamen Aufmerksamkeitsfokus** herzustellen, um das sprachliche Wissen des Kindes auf unterschiedlichsten Ebenen zu bereichern. Die Gesamtkörper-Muskelspannung, die durch diese Anforderungen stimuliert wird, bildet zudem die Basis für eine angemessene Muskelspannung im Mundbereich und kann sich förderlich bei übermäßigem Speichelfluss und Artikulationsschwierigkeiten auswirken (Kittel 2014; Nienkerke-Springer & Beudels 2008; Weinrich & Zehner 2017).

j) Bewegungsspiele ermöglichen dem Kind, den eigenen Körper differenziert wahrzunehmen. Dies bietet der pädagogischen Fachkraft die Möglichkeit, die einzelnen Körperteile zu benennen oder hervorzuheben. So können der **körperspezifische Wortschatz** und das **Sprachverständnis** spielerisch unterstützt und erweitert werden. Um herauszufinden, ob die Kinder die Körperteile kennen und benennen können, kann die Fachkraft bei Bewegungsaufgaben die Körperteile zunächst selbst benennen, bevor die Kinder diese Rolle übernehmen: „Jetzt wackeln wir mit unseren Fingern, Füßen, unserem Kopf, Bauch etc." Zudem können Bewegungsspiele wie zum Beispiel „Die Popcornmaschine" (Sandhaus 2010, S. 82) zusätzlich bewusst einen gewissen (Körper-)Kontakt zu anderen Kindern herbeiführen und unterschiedliche Sozialkompetenzen fordern und fördern – den Umgang mit Spielregeln, das Kooperieren mit anderen oder gemeinsam mit anderen Kindern eine Aufgabe lösen.

(2) Sozialverhalten

a) Durch verschiedene Motive können Memoryspiele zum Beispiel zum Nachahmen von Tiergeräuschen und -bewegungen oder zur Darstellung von Gefühlen mithilfe der Mimik anregen. So **können** die **Lautbildung und Lautunterscheidung** unterstützt und der Wortschatz spielerisch erweitert werden (Zimmer 2016). Das Kartenspiel kann spielerisch zum **Erlernen neuer Begriffe** motivieren und somit den Wortschatz erweitern bzw. differenzieren (z.B. Ober- und Unterkategorien bilden). Die

Kinder üben, aufmerksam und konzentriert dem Spiel zu folgen, um die Bildkarten und Motive erkennen, deuten und ordnen zu können. Das Einhalten der gemeinsamen Spielregeln fordert von den Mitspielern zudem unterschiedliche Sozialkompetenzen, die für eine gelungene Kommunikation von Bedeutung sind, zum Beispiel Geduld und die Fähigkeit, anderen das gleiche Recht zuzugestehen wie sich selbst (wenn ein anderes Kind etwa nach einem Erfolg weitere Karten umdrehen darf).

b) Das gemeinsame Bewältigen einer Spielaufgabe mit einem **Partner** ermöglicht den Kindern vielfältige Kommunikationsanlässe, zum Beispiel miteinander zu kooperieren und sozial sensibel zu handeln. Bedürfnisse, Wünsche, Gefühle oder die Meinung anderer Kinder müssen wahrgenommen, angemessen interpretiert und mit dem eigenen Verhalten abgestimmt und berücksichtigt werden. Spielvarianten, bei denen das genaue Beobachten von Bewegungen oder Körperpositionen des Partners erforderlich ist, sprechen neben der visuellen Wahrnehmung auch den kinästhetischen Sinn an, sodass das Kind für die eigene Körperwahrnehmung sensibilisiert wird. Ein Beispiel hierfür ist das Partnerspiel „Denkmal bauen" (Zimmer 2012b, S. 123), bei dem das Kind den eigenen Körper, dessen Haltung und Gliederstellung nachspüren soll, um die eigenen Bewegungen fein abzustimmen. Die Kinder können dazu angeregt werden, ihrem Spielpartner ihre Wahrnehmungen mitzuteilen.

c) Im **Rollenspiel** (bzw. Symbolspiel bei jüngeren Kindern) können Spielpartnerschaften gebildet und in Interaktion immer vielfältigere und immer länger andauernde Spielthemen (Arztbesuch, Vater-Mutter-Kind) entwickelt werden. Nach Bürki (2002) ist ein gemeinsames Thema die Voraussetzung dafür, dass Spielanlässe entstehen, über die kommuniziert werden kann. Spielerisch entwickeln die Kinder ihre pragmatischen Kompetenzen. Sie brauchen Sprache, um ihr Spiel zu planen, sich abzustimmen und Kompromisse zu finden sowie ihr Handeln, Vorhaben und ihre Gefühle mitzuteilen.
Im Rollenspiel erproben sich die Kinder in neuen Rollen und Verhaltensweisen oder nutzen das Spiel zur Verarbeitung erlebter Konfliktsituationen. Zudem entwickeln sie **Formen symbolischer Sprachverwendung**, wenn sie zum Beispiel bestimmen, wer wann und wie etwas im Spiel sagen soll (vgl. Licandro & Lüdtke 2013; Andresen 2002). Hier profitieren auch die Kinder, die dem Spiel vorerst nur in der Beobachterrolle zuschauen und noch nicht selber aktiv werden, von den vielfältigen sprachlichen Anlässen. So können sie zum Beispiel durch die **Peer-Interaktion** zum Imitieren von Rollen und Sprachhandlungen angeregt werden. Treten die Kinder vermehrt mit der pädagogischen Fachkraft in Interaktion, kann diese die Anfragen durch sogenannte Redirects (siehe Kapitel 8.1) an ein anderes Kind weiterleiten. Diese Strategie hat zum Ziel, dass die Kinder sich untereinander als Sprachvorbilder erleben und voneinander profitieren.

d) Abschiedssituationen stellen insbesondere für Kinder unter drei Jahren eine schwierige Aufgabe im Kita-Alltag dar. Das Kind muss lernen, sich von seiner Bezugsperson zu lösen und auf seine **soziale Umgebung** einzulassen. An dieser Stelle ist es wichtig, dem Kind bei dem Abschied von seiner Bezugsperson beiseitezustehen. Bei Bedarf kann es hilfreich sein, ein Übergangsobjekt zu schaffen oder dem Kind zum Beispiel durch gemeinsame Rituale und Körperkontakt nach der Abschiedssituation Sicherheit und Geborgenheit zu vermitteln (Katz-Bernstein 1998). Durch Übergangsobjekte wie Puppen oder Kuscheltiere kann das Kind Interaktionen nachspielen und verändern. Dadurch kann das Kind soziale Regeln verstehen und eigenständig Lösungen für problematische Situationen finden (vgl. Winnicott 2010; Neubaur 1987).

e) Das **Auf- bzw. Abräumen** von Gegenständen (z.B. Spielsachen, Geschirr) kann das Kind selbstständig übernehmen. Hierbei muss es zuerst erkennen, welcher **Kategorie** das Objekt zuzuordnen ist (z.B. Stifte zu den Malsachen, Löffel in die Küche), und sich erinnern, wohin es die Gegenstände zurücklegen kann. Das selbstständige Handeln regt an, Fragen zu stellen, und ermöglicht der pädagogischen Fachkraft ein dialogisches Weiterführen des Gesprächsanlasses (im Sinne der Erweiterung, Ergänzung und Umformung der kindlichen Äußerung): „Was hast du da gefunden? Wohin möchtest du das bringen? Bringst du den Stift in die Küche? Wo sammeln wir die Buntstifte?" Insbesondere für das Verstehen und den Gebrauch von unterschiedlichen **Präpositionen** bieten sich Aufräumsituationen durch das handelnde Erfahren der Wortbedeutung an (auf den Tisch, in das oberste Regal, neben die roten Buntstifte).

f) Beim **gemeinsamen Spiegelbetrachten können Gemeinsamkeiten und Unterschiede im Aussehen gesucht und festgestellt sowie unterschiedliche Körperteile** benannt werden: „Hast du auch eine Nase? Wo ist die denn?" Personen wiedererkennen oder sich selbst im Spiegel entdecken führt zu Vorstellungen von der eigenen Person in Abgrenzung zu anderen: „Wer ist das?" „Ich/Du." Direkte Vergleiche regen dazu an, **Adjektive** zu verwenden und zu steigern: „Guck mal, deine Haare sind lang und meine kurz. Und deine Haare sind ganz hell, viel heller als meine." Grundlage dafür bildet ein wachsendes Persönlichkeitsverständnis, welches auf der Abgrenzung des Kindes von sich und seiner Umwelt aufbaut. Beim Grimassenschneiden kann gemeinsam überlegt werden, wie die einzelnen Kinder aussehen, wenn sie traurig, wütend oder froh sind. Zudem regt dies zum Gespräch über Verhaltensweisen bei **Emotionen** wie zum Beispiel Wut, Ärger oder Trauer an.

(3) Körper, Gesundheit und Ernährung

a) Eine ruhige und tiefe Atmung ist eine wichtige Voraussetzung für das Sprechen. Durch **Pustespiele** kann die **Atemmuskulatur** spielerisch unterstützt werden. Dies fördert das bewusste Wahrnehmen, Regulieren und Dosieren des Atems, welcher auch Voraussetzung für die **Lautbildung** ist. Aber auch die artikulationsbedeutsamen Muskeln im Lippen-, Zungen- und Wangenbereich werden durch das Lenken des Luftstroms angeregt. Hierbei kann mit unterschiedlichen Materialien experimentiert werden, wie zum Beispiel Watte, einem Chiffontuch oder Tischtennisbällen, sodass die Wirkung des eigenen Atems sichtbar wird. Mit einer Start- und Ziellinie kann das Pusten auch um die Wette stattfinden, auf dem Boden oder über eine Tischplatte (z.B. „Wattekugel-Pusten", Zimmer 2016, S. 124).

b) Beim **Frühstück oder Mittagessen** bieten sich viele Erfahrungen mit dem selbstständigen Trinken und Essen. Die Kinder können mit ihren Fingern das Essen anfassen, es zum Mund führen und die **unterschiedlichen Eigenschaften** der Lebensmittel mit allen Sinnen erfahren (z.B. die Tomate ist rot und rund, die Zitrone schmeckt sauer). Auch der Gebrauch des Bestecks oder eines offenen Getränkebechers erfordert wichtige Basiskompetenzen, wie zum Beispiel eine feinmotorische Abstimmung von Lippen und Zunge **(Mundmotorik)** sowie von Händen, Fingern, Mund- und Lippenbewegungen. Sobald das Kind Zähne hat, stärkt das Essen von härteren Lebensmitteln, wie etwa Rohkost oder Brot mit Rinde, die Mundmuskulatur und bietet eine der Grundlagen für eine gute **Artikulation.** Bereits beim Tischdecken können alle mithelfen und so die notwendigen Gegenstände und ihre Bedeutung handelnd kennenlernen. Die pädagogische Fachkraft kann den Kindern auch kleine Aufgaben übertragen oder sie dazu ermuntern, eigene Aufgaben zu entwickeln, sodass sie sich als **selbstwirksam** erfahren können.

c) Partnerspiele, die das Körpererleben und die **taktile Wahrnehmung** in den Mittelpunkt stellen, ermöglichen dem Kind, ein Bewusstsein für den eigenen Körper zu entwickeln. Mithilfe von Material kann das Wahrnehmen und Benennen der unterschiedlichen **Körperteile** erleichtert werden: „Spürst du, wohin ich das Sandsäckchen gelegt habe? Fühlst du, wie viele Sandsäckchen auf deinem Rücken liegen?" Auch Körperkontakt zu anderen Kindern aufzunehmen fällt vielen Kindern leichter, wenn sie dies über ein Medium tun können, wie zum Beispiel Chiffontücher oder Igelbälle (Zimmer 2016). Wie fühlt sich der Gegenstand an? Rau oder weich? Spitz oder rund? Das Nachspüren der Formen stellt große Anforderungen für die taktile Wahrnehmung dar. Die Beschaffenheit muss kognitiv erfasst werden, bevor das Kind sie benennen kann. Sind die Materialien zudem verschieden schwer, kann das Kind Gewichtsunterschiede nachspüren, benennen und beschreiben, wodurch es auch zur **Steigerung von Adjektiven** angeregt wird, zum Beispiel schwer, schwerer, am schwersten. Auch die Bildung von Ober- und Unterkategorien kann dabei unterstützt und zum Beispiel durch Widerspruchsprovokationen (siehe Kapitel 8.1) gefestigt werden.

d) Das **An- oder Ausziehen** von Kleidung bietet viele Möglichkeiten, Sprache mit einzubeziehen und den **Wortschatz** zu erweitern. So kann zum Beispiel Schritt für Schritt durchgegangen werden, wie eine Jacke oder Hose angezogen wird oder die Schuhe gebunden werden. Dabei können die verschiedenen Kleidungsstücke und Körperteile benannt oder auch erfragt werden. Auch Unterschiede im Material, zum Beispiel weiche Socken oder glatte Gummistiefel, können nachgespürt und beschrieben werden, oder es wird gemeinsam überlegt, welche Kleidung zu welchem Wetter passt. Zudem kann ein Kind durch das Erfahren von **Selbstständigkeit** bei An- und Ausziehsituationen Selbstsicherheit erfahren oder auch auf das eigene soziale Verhalten aufmerksam gemacht werden, wenn jemand zum Beispiel Hilfe beim selbstständigen An- oder Ausziehen braucht. Auch in dieser Situation kann die pädagogische Fachkraft durch Redirects (siehe Kapitel 8.1) die gegenseitige Unterstützung zwischen den Kindern anregen.

e) Durch die taktile Wahrnehmung entschlüsselt das Kind, ob ein Gegenstand fest oder weich, rund oder eckig, kalt oder warm ist. Erst beim Berühren und aktiven Erkunden von Dingen erfährt das Kind, welche Bedeutung sich hinter diesen Begriffen verbirgt. Das **sinnliche Erkunden von Material** ermöglicht es dem Kind letztlich, zu „greifbaren" Erfahrungen zu kommen und die unterschiedlichen **Eigenschaften und Oberflächenbeschaffenheiten** von Gegenständen wahrzunehmen und auch benennen zu können (Adjektive).
Eine spielerische Variante, um den Tastsinn und damit auch den Aufbau des kindlichen **Wortschatzes** und der Wortbedeutung herauszufordern, stellt das Bauen eines „Tastbodens" oder „Fußwegs" dar (Zimmer 2012b, S. 110f.). Hier gehen die Kinder möglichst mit geschlossenen Augen barfuß über verschiedene Untergründe (Teppich, Holz, Fliesen, Papier etc.), die sie mit ihrem Tastsinn erraten und anschließend benennen sollen. Auf allen vieren können zusätzlich die Hände als Tastorgan benutzt und somit die Beläge leichter bzw. noch genauer erkundet werden. Wichtig ist, dass die pädagogische Fachkraft nach den Eigenschaften und Materialien fragt: „War das weich oder hart? Ist dieser Boden kälter als der vorherige? Erkennst du, worauf du gehst?" Das Kind kann auch dazu angeregt werden, den Weg zu beschreiben: „Was war vielleicht unangenehm, was eher angenehm? Woher kanntest du das Gefühl, vielleicht vom Balancieren auf der Holzbank im Bewegungsraum?"

f) Im **Waschraum** können Kinder Erfahrungen mit dem Element Wasser sammeln und experimentieren. Wie fühlt sich kaltes und warmes Wasser an? Was kann ich mit flüssiger oder fester Seife machen? Wie entsteht Schaum? Was kann auf Wasser schwimmen und was geht unter? Wie kann ich Wasser transportieren? Warum waschen wir unsere Hände oder putzen unsere Zähne? Das Ausprobieren und Spielen mit Wasser regt zu vielen **Fragen und Vermutungen,** aber auch zum Benennen und Begreifen von Dingen und Phänomenen an. Auch Situationen der Körperpflege bieten im pädagogischen Alltag viele Möglichkeiten, den **Wortschatz** und das **Sprachverständnis** zu fördern. So kann die pädagogische Fachkraft zum Beispiel zum Benennen einzelner **Körperteile** und ihrer Funktionen beim Waschen oder zum Nachspüren der Zahnbürste auf der Haut, Zunge, an den Zähnen oder in den Wangen anregen. Zudem unterstützen Alltagsrituale wie das Händewaschen vor und das Zähneputzen nach dem Essen den Aufbau von Selbstständigkeit und Selbstvertrauen.

g) Der Umgang mit verschiedenen Lebensmitteln und Küchengeräten regt zum **Erfragen von Dingen** an, die zugleich durch eigenes Handeln sinnlich erfahrbar werden. Handlungsabläufe können gemeinsam geplant und miteinander abgesprochen werden: Wir wollen einen Salat machen. Welche Zutaten sollen wir verwenden? Was brauchen wir, um die Gurke zu schneiden? Welches Gemüse wollen wir vorher schälen? Beim Zubereiten von Mahlzeiten lernen Kinder Nahrungsmittel und den Umgang mit ihnen kennen (Kartoffeln werden gekocht und nicht roh verzehrt, Obst und Gemüse müssen vor dem Zubereiten gewaschen werden). Sie erfahren, wie **unterschiedliche Lebensmittel** aussehen, riechen, schmecken und sich anfühlen (z.B. ist ein Pfirsich rund, samtig, schmeckt süß und ist je nach Reifegrad gelb bis rot). Das Interesse der Kinder sollte von der pädagogischen Fachkraft aufgegriffen, weiter gestaltet und das Kind angespornt werden, die eigene Wahrnehmung zu äußern. Das Arbeiten mit verschiedenen Küchengeräten (Küchenwaage, Messbecher, Backofen) und die erforderlichen **Arbeitsschritte** (Abwiegen von Zutaten, Vorheizen des Ofens) geben dem Kind Möglichkeiten zur Selbstständigkeit. Dies führt zu vielen **Sinneserfahrungen,** die den **Wortschatz** und das **Wortverständnis** erweitern und den Sinn von Sprache in der Handlung erfahrbar machen.

(4) Ruhe und Entspannung

a) Kommunikation lebt durch das Zuhören und Erzählen. Im Alltag gibt es eine Vielfalt an akustischen Reizen, denen Kinder bereits von Anfang an ausgesetzt sind. Spiele, bei denen Geräusche unterschieden, lokalisiert oder nach Lautstärke, Klangfarbe oder Tonhöhe geordnet werden können, ermöglichen das **genaue Hinhören und Lauschen** (auditive Aufmerksamkeit, Diskrimination und Lokalisation). So können zum Beispiel Alltagsgegenstände an ihrem Klang differenziert erkannt werden. Das zusätzliche Benennen und Unterscheiden von Geräuschqualitäten (laut – leise, hoch – tief oder hart – weich) unterstützt neben der **auditiven Wahrnehmung** auch in Anfängen die phonologische Bewusstheit. Spiele, bei denen zusätzlich die Augen verbunden werden bzw. der visuelle Sinn ausgeschaltet wird, schaffen Gelegenheiten, in denen intensive Hörerlebnisse erfahrbar werden, und erleichtern den bewussten Einsatz der auditiven Wahrnehmung. Eine Auswahl an Hörspielen findet sich zum Beispiel bei Zimmer (2012b, S. 88ff.; 2016, S. 133ff.) und bei Nienkerke-Springer und Beudels (2008, S. 81ff.).

b) Beim Nachlauschen von **Musikinstrumenten** bzw. den damit erzeugten Klängen bietet sich die Möglichkeit, spielerisch das **genaue und konzentrierte Hören** anzubahnen, das für den Spracherwerb maßgeblich ist. Hierbei kann man nicht nur die Richtung, aus der ein Klang zu hören ist, sondern auch die erzeugte Tonlänge (z.B. mit Klangschalen, Sansulas oder Kalimbas) von Anfang bis Ende wahrnehmen. Dabei kann die pädagogische Fachkraft die Kinder dazu anregen, sich mit geschlossenen Augen auf den Boden zu legen und den Arm zu heben, wenn sie einen angeschlagenen Klang nicht mehr hören können. Mithilfe einer Klangschale, die auf den Rücken oder in die Hände des Kindes gelegt wird, wird das Kind den Ton nicht nur hören, sondern zusätzlich auch spüren können. Die pädagogische Fachkraft kann mit Musikinstrumenten aber auch Geschichten erzählen und die Kinder dazu ermutigen, eigene oder vorgelesene Geschichten durch Instrumente zu untermalen (das Wetter durch Rasseln, Trommeln etc. darstellen).

c) Das bekannte Kinderspiel „Stille Post" spricht, je nach Spielvariante, die **auditive** oder die **taktile Wahrnehmung** an. Die Ausbildung beider Wahrnehmungsbereiche stellt eine Grundlage für den Spracherwerb dar. Die Flüstervariante bietet die Möglichkeit, genau und konzentriert hinzuhören und darüber hinaus auch **situationsgebunden laut bzw. leise zu sprechen.** Wird die Postbotschaft nicht durch akustische Signale, sondern durch taktile Berührungen bzw. Rückenbilder weitergegeben, ist der Tastsinn besonders gefragt. Lassen sich die Kinder auf den Körperkontakt ein, können Rückenmassagen beruhigend und entspannend wirken. Zudem erhalten sie hierbei die Gelegenheit, Berührungen zu lokalisieren, aber auch die eigene Körperkraft zu dosieren. Gleichzeitig benötigen die Kinder eine gute Konzentration und Geduld, bis jeder mit dem Flüstern bzw. Lauschen sowie dem Zeichnen und Fühlen der Rückenbilder an der Reihe war (vgl. Zimmer 2012b).

(5) Rhythmik und Musik

a) Die **Melodie und der Rhythmus von Sprache** können in Verbindung mit Versen und Liedern spielerisch verdeutlicht werden. Das Singen ermöglicht dem Kind, Erfahrungen mit dem Klang der **eigenen Stimme** zu sammeln, und es kann ausprobieren, wie sie leise oder laut, hoch oder tief, wütend oder fröhlich klingt. Sind die Wortbedeutungen zusätzlich durch Bewegung am eigenen Körper erfahrbar, kann dies den **Aufbau des kindlichen Wortschatzes** und des Wortverständnisses unterstützen. So lassen sich zum Beispiel die Namen einzelner Körperteile (z.B. „Meine Hände sind verschwunden", Meyn-Schwarze 2006, S. 8) oder unterschiedliche Bewegungsformen (z.B. Hüpfen, Schleichen, Rennen), Adjektive und Präpositionen spielerisch und musikalisch entdecken (z.B. „Das ist drüber, das ist drunter", Sandhaus 2012, S. 114). Wichtig ist, dass die pädagogische Fachkraft die Verse und Lieder laut und mit eindeutiger Betonung begleitet und die jeweiligen Begriffe beim Erfahren unterschiedlicher Bewegungsformen und Körperteile benennt. Eine Auswahl an **Bewegungsliedern** findet sich zum Beispiel bei Huber und Kuhn (2010), Jöcker (2012), Singerhoff und Stiefenhofer (2004, S. 44ff.) oder Zimmer und Vahle (2012).

b) Fingerspiele vermitteln Spaß und Freude an Sprache. So können Wörter in Verbindung mit Fingerbewegungen selbst zum Gegenstand des Spiels werden, und das Bewusstsein für Sprache kann durch die **rhythmischen Verse** und die unterschiedliche **Betonung** gestärkt werden. Hierbei werden prosodische Elemente auch schon für die ganz Kleinen erfahrbar. Die pädagogische Fachkraft kann dies durch ihre eigene mimische und gestische Darstellung bei den Fingerspielen anregen. Zum einen ahmen die Kinder Fingerbewegungen und Laute nach und zum anderen kann die unterstützende **Mimik und Gestik** zusätzlich den Sinn von Wörtern verdeutlichen. Eine Auswahl an Fingerspielen findet sich zum Beispiel bei Huber und Kuhn (2010), Biermann (2012, 2013), Kasprik (2012), Dhom (2002) oder Austermann und Wohlleben (2008, S. 106ff.).

(6) Literacy

a) Bilderbücher ermuntern zum Aufschlagen, Blättern, Betrachten, Zeigen und vor allem zum Erzählen. Daher sollte jedes Kind im Gruppenraum, in einer Kuschelecke oder auch in anderen Räumen der Einrichtung (Flur, Bibliothek) Zugang zu ihnen haben. Ein Bilderbuch kann dann nicht nur allein, sondern auch gemeinsam vorgelesen und erlebt werden. Besonders das Dialogische Lesen bietet sich an, um einen gemeinsamen Aufmerksamkeitsfokus von Erwachsenem und Kind zu erreichen. Das Kind nimmt dabei, anders als beim traditionellen Vorlesen, eine aktive Rolle ein. Durch das sinnhafte und an die Altersstufe und das Interesse des Kindes angepasste Vorlesen, erfährt es sprachlichen Input, ausgerichtet an seinen sprachlichen Bedürfnissen (siehe Kapitel 8.1; weiterführend Kraus 2008).
Die grafischen Darstellungen in den Büchern regen dazu an, die abgebildete Handlung zu beschreiben oder nach bestimmten Dingen (Gegenständen, Tieren oder Personen) zu suchen, nach ihren Namen zu fragen, sie zu benennen, Geräusche nachzuahmen oder eine Geschichte fortzuführen oder neu auszudenken. Hierbei kann sich nicht nur der **Wortschatz** des Kindes erweitern, sondern es bietet sich auch die Möglichkeit, mit **komplexen grammatikalischen Strukturen** in Kontakt zu kommen. Über das dialogische Bilderbuchlesen kommt das Kind in die Lage, Gesehenes (Bild) mit dem Gehörten (Geschichte) zu verknüpfen und übt sich somit auch in längeren Aufmerksamkeitsspannen und dem Einnehmen verschiedener Rollen, wie zum Beispiel der **Sprecher oder Zuhörer eines Dialogs** zu sein. Unterstützt werden kann dies durch die pädagogische Fachkraft, die unter anderem offene Fragen stellt, das Vorgelesene mit gemeinsamen Erfahrungen verknüpft und die kindlichen Äußerungen wiederholt und erweitert.

b) Beim **Basteln, Malen und Ausmalen** von Bildern können für den Spracherwerb elementare Kompetenzen wie die **visuelle Wahrnehmung** und die **Feinmotorik** angeregt werden. Ebenso werden die Graphomotorik (Bewegungsleistung beim Schreiben) und die Konzentration angesprochen, die für den **Schriftspracherwerb** von Bedeutung sind. Durch das Gestalten mit unterschiedlichen Farben, Stiften und Papieren bietet sich den Kindern die Möglichkeit, verschiedene Materialeigenschaften kennenzulernen. Auf Nachfrage der pädagogischen Fachkraft kann ein Bild beschrieben, erklärt oder sogar mit einer Geschichte verbunden werden. Das Kind kann sich auch im Schreiben und Malen erster Buchstaben, Zeichen und Worte (z.B. der eigene Name) probieren. Es ist wichtig, Interesse an dem selbst hergestellten Kunstwerk zu zeigen, das das Kind oftmals stolz präsentiert. Hierbei ergeben sich viele Möglichkeiten, das Kind durch Nachfragen zum Sprechen und Erzählen anzuregen: Was schwimmt denn da in dem Wasser? Warum ist denn der Kreis da blau? Ältere Kinder beginnen, sich bei Aktionen dieser Art auch mit der Schriftkultur auseinanderzusetzen.

c) Reime eignen sich gut, um die Aufmerksamkeit des Kindes auf den Klang der Sprache zu lenken. Das Erkennen von Unterschieden und Gemeinsamkeiten von Lauten und Wörtern erfordert die bewusste **Lautwahrnehmung** sowie die Konzentration des Kindes. Durch Reime erlebt das Kind spielerisch den **Rhythmus von Sprache** und die Ähnlichkeiten von Lauten. Somit kann sowohl die phonologische Bewusstheit im weiteren als auch im engeren Sinne angeregt werden. Die pädagogische Fachkraft kann durch eine ausgeprägte Betonung der Reime sowie durch das Auslassen und Erfragen von entsprechenden

Reimwörtern unterstützend wirken. Eine Auswahl an Kinderreimen findet sich zum Beispiel bei Janosch (2004), Weiler (2008) oder Huber und Kuhn (2010).

d) Erzählspiele können die Erweiterung narrativer Kompetenzen unterstützen, indem sie zum freien Sprechen herausfordern. Das Formulieren von Sätzen baut auf Kenntnissen über **Wortformen und Satzbauregeln** auf und regt zum Beispiel das Verwenden unterschiedlicher **Zeitformen** an. Auch der Aufbau einer Geschichte wird kennengelernt: Einleitung, Vorstellung der Personen, Höhepunkt, Abschluss. Eigene Geschichten ermöglichen dem Kind, seine Wünsche und Ideen zu formulieren, Hypothesen aufzustellen und eventuell Handlungsalternativen zu finden. Beim freien Erzählen erhält das Kind zudem die Möglichkeit, vor einer größeren Gruppe zu sprechen und auf den eigenen verbalen und nonverbalen Ausdruck zu achten. Die Kinder, die bei Erzählspielen wiederum der Geschichte lauschen oder etwa auf ein Signalwort reagieren sollen, werden zum aufmerksamen Zuhören angeregt. Die pädagogische Fachkraft kann durch Fragen, Ergänzungen und Erweiterungen den Wechsel von Hören und Sprechen, die Betonung und die Bildung von Satzmustern unterstützen. Eine Auswahl an Erzählspielen findet sich zum Beispiel bei Zimmer (2013).

e) Durch das gemeinsame Basteln und Herstellen eines **Wochenplans** kommen die Kinder mit **zeitlichen Begriffen** in Berührung: „Heute ist Dienstag", „Morgen backen wir einen Kuchen", „Heute am Nachmittag gehen wir in den Bewegungsraum". Gemeinsam können **Symbole, Zeichen und Bilder** für bestimmte Aufgaben oder Tagesphasen, wie zum Beispiel das Frühstück, das Spiel im Außengelände oder die Musikstunde, bestimmt werden. Zeichen dieser Art, die das Kind täglich umgeben, sensibilisieren für den späteren Schriftspracherwerb. Die regelmäßige gemeinsame Betrachtung der Tages- und Wochenplanung bietet vielfältige Austauschmöglichkeiten zwischen pädagogischer Fachkraft und Kind. Die Symbole bieten dem Kind eine anschauliche Grundlage, auf der es Antworten leichter formulieren kann, und regen es an, komplexe, zeitliche Satzstrukturen zu bilden.

Beteiligte Einrichtungen

An der Erprobung von ***BaSiK*** und der Erhebung von Vergleichsdaten haben sich zahlreiche Kindertageseinrichtungen beteiligt. Wir bedanken uns für die Mitarbeit bei den Kita-Leitungen und den pädagogischen Fachkräften folgender Einrichtungen:

Evangelische Kindertageseinrichtung Bünder Straße	Enger
Evangelischer Kindergarten Dünne	Bünde
Evangelischer Kindergarten/Familienzentrum Ellersiekstraße	Bünde
Gfs Kinderhaus Rabenhof	Bielefeld
Glühwürmchen e.V.	Bielefeld
Katholische Kindertageseinrichtung St. Cäcilia	Düsseldorf
KIB-Bewegungskindergärten	Berlin
Kindergarten Kinderschlupf	Hamburg
Kindergarten St. Ludgerus	Gescher
Kindergarten St. Raphael	Wallenhorst
Kindertageseinrichtung An der Schule Archenholzstraße	Hamburg
Kindertageseinrichtung City Kids	Hagen
Kindertageseinrichtung DRK Mehlhausen	Bielefeld
Kindertageseinrichtung DRK Ottelau	Herford
Kindertageseinrichtung DRK Regenbogen	Borken
Kindertageseinrichtung Durable Minis	Iserlohn
Kindertageseinrichtung Hegemann gGmbH	Iserlohn
Kindertageseinrichtung Hohnerkamp	Hamburg
Kindertageseinrichtung Kerni-Kids&Co	Hamburg
Kindertageseinrichtung Kindermannstiftung, Familienzentrum	Bielefeld
Kindertageseinrichtung Kopernikusstraße	Niederkassel-Lülsdorf
Kindertageseinrichtung Kunterbunt	Dissen aTW
Kindertageseinrichtung Lenaustraße	Niederkassel-Lülsdorf
Kindertageseinrichtung Markusstraße	Niederkassel
Kindertageseinrichtung Sandkamp	Hamburg
Kindertageseinrichtung St. Johannes Rulle	Wallenhorst
Kindertageseinrichtung Sterntaler	Hagen-Eilpe
Kindertageseinrichtung Villa Afrika	Iserlohn
Kindertageseinrichtung zur Bleiche	Herford
Kindertageseinrichtung Zwergenhütte	Hagen
Montessori Kindergarten	Bad Salzuflen
Peter Pan e.V.	Bielefeld
Städtische Kindertageseinrichtungen	Bielefeld
Städtische Kindertageseinrichtungen FABIDO	Dortmund
Städtischer Kindergarten Vogelsangstraß	Niederkassel-Rheidt
Tageseinrichtung für Kinder Eifelstraße	Niederkassel-Mondorf

Glossar

Fachbegriff	Erläuterung	Beispiele
Adjektive	Eigenschaftswörter, „Wie-Wörter"	schnell, groß, klein, weit, tief, langsam, hoch etc.
Akkusativ	Frage nach „Wen oder was?"	
Artikel (bestimmt)	Begleiter	der, die, das
Artikel (indefinit/unbestimmt)	Begleiter	ein, eine
Auditive Diskrimination	Lautunterscheidung	
Auditive Lokalisation	Richtungshören	
Auditive Merkfähigkeit	Fähigkeit, Gehörtes zu speichern	
Basiskompetenzen	Vorläufer für die Entwicklung von Sprache	
Dativ	Frage nach „Wem oder was?"	
Expansion	Aufgreifen und Fortführen der kindlichen Äußerung	
Extension	Weiterführung der kindlichen Äußerung unter Verwendung einer Zielstruktur	
Finalsatz	Nebensatz, der ein Ziel, eine Absicht oder einen Zweck angibt	<u>Damit wir draußen spielen können,</u> muss es trocken sein. Ich habe neue Schuhe, <u>um</u> <u>schneller rennen zu können.</u>
Genitiv	Frage nach „Wessen?"	
Gütekriterien	Zur Bewertung der Gültigkeit und Qualität eines Verfahrens werden sogenannte Gütekriterien überprüft	Hauptgütekriterien: **Objektivität** (Anwenderunabhängigkeit), **Reliabilität** (Zuverlässigkeit des Verfahrens) und **Validität** (Gültigkeit des Verfahrens) Nebengütekriterien: Passung zum Anwendungskontext, Ökonomie, Zumutbarkeit, Fairness, Nutzen
Item	Beobachtungsaufgabe in ***BaSiK***	
Itemschwierigkeit	Gibt das durchschnittliche Zutreffen (trifft noch nicht zu – trifft voll und ganz zu) eines Items an	
Kasus	Fall	Nominativ, Genitiv, Dativ, Akkusativ
Kausalsatz	Nebensatz, der einen Grund oder eine Ursache anzeigt	Tim ist nass, <u>weil/da er in die Pfütze gesprungen ist</u>.

Fachbegriff	Erläuterung	Beispiele
Konjunktionen	Bindewörter	obwohl, trotzdem, aber, und, sondern etc.
Konjunktiv	Möglichkeitsform, gebildet in einfacher Form mit „würde"; der Konjunktiv 1 kommt vor allem in der indirekten Rede vor, während der Konjunktiv 2 in Bedingungsätzen genutzt wird	Würde es morgen schneien, dann würden wir mit dem Schlitten fahren (einfache Form). Sie sagte, sie könne morgen nicht kommen (Konjunktiv 1). Wäre er heute Morgen gekommen, könnte er mitspielen (Konjunktiv 2).
Konsonant	Mitlaut	Laute wie [m], [p], [l] ... (alle Laute außer Vokalen)
Lexikon	Wortschatz	
Linguistische Kompetenzen	umfassen Semantik und Lexikon, Phonetik und Phonologie, Morphologie und Syntax	
Literacy	Sammelbegriff für alle Erfahrungen rund um die Buch-, Erzähl- und Schriftkultur	
Morphologie	Wortbildung	
Nomen / Substantiv	Haupt- bzw. Gegenstandswörter	Haus, Hund, Apfel, Lampe etc.
Peer-Group	Gruppe von etwa gleichaltrigen Kindern mit ähnlichen Entwicklungsaufgaben	
Perfekt	Einfache Vergangenheitsform, gebildet mit der Gegenwartsform von „haben" oder „sein" und der Partizip II-Form des Tätigkeitswortes	Ich <u>habe gegessen</u>. Sie <u>sind</u> Fahrrad <u>gefahren</u>. Ihr <u>seid</u> zu Besuch <u>gekommen</u>. Wir <u>haben</u> Bilder <u>gemalt</u>.
Phonetik	Lautbildung	
Phonologie	Lautwahrnehmung	
Pluralformen	Mehrzahlformen	Auto – Autos, Farbe – Farben, Gabel – Gabeln, Tag – Tage, Ohr – Ohren, Kind – Kinder, Kuh – Kühe, Ball – Bälle, Buch – Bücher etc.
Pragmatik	Kommunikativer Gebrauch von Sprache (das Sprachhandeln)	
Präpositionen	Vorwörter oder Lagebezeichnungen	an, auf, hinter, in, neben, über, unter, vor, zwischen etc.
Pronomen	Fürwörter: Wörter, die stellvertretend für Personen oder Gegenstände stehen	mein, dein, euer, ihre etc.

Fachbegriff	Erläuterung	Beispiele
Prosodie	Rhythmische und melodische Gliederung von Spracheinheiten	Tonhöhe, Betonung, Klang, Lautstärke etc.
Relativsatz	Nebensatz, der sich auf eine Eigenschaft oder einen Zustand einer Person oder eines Gegenstandes im Hauptsatz bezieht	Das Spiel, das wir spielen, macht Spaß.
Semantik	Wortbedeutung	
Simultaner Spracherwerb	Doppelter Erstspracherwerb seit der Geburt oder in den ersten zwei Lebensjahren	
Sprachbildung	Eine in den Alltag integrierte Unterstützung der Sprachentwicklung; nicht an Zeiten oder Materialien gebunden, richtet sich an alle Kinder einer Einrichtung	
Sprachförderung	Richtet sich selektiv an bestimmte Kinder mit sprachlichen Auffälligkeiten	
(Sprach-)Skala	Kompetenzbereich mit mehreren Items in BaSiK	
Standardabweichung	Durchschnittliche Abweichung vom Mittelwert	
Standardisierung	Ein Verfahren wird entsprechend gültiger und einheitlicher Leitlinien zur Entwicklung, Anwendung und Beurteilung von Verfahren konstruiert	
Subjekt	Nomen im Nominativ	Der Hund rennt aufgeregt durch den Garten.
Subjekt-Verb-Kongruenz	Person-Tätigkeitswort-Zuordnung; Tätigkeitswörter werden entsprechend der Person angeglichen	Ich gehe, du gehst, er/sie/es geht, wir gehen, ihr geht
Sukzessiver Spracherwerb	Zweitspracherwerb ab dem zweiten Lebensjahr	
Syntax	Satzbau	
Temporalsatz	Nebensatz, der sich auf eine Zeitangabe bzw. ein Zeitverhältnis bezieht	Wenn Mama kommt, geh ich nach Hause. Wir haben gesungen, bevor wir gespielt haben. Sobald die Sonne scheint, gehen wir nach draußen.

Fachbegriff	Erläuterung	Beispiele
Trennschärfe	Die Trennschärfe gibt an, inwiefern ein Item zwischen Personen mit niedriger und hoher Merkmalsausprägung differenzieren kann	
T-Wert	T-Werte sind Normwerte und geben somit Aufschluss darüber, wie die in einem Verfahren gebildeten Summenrohwerte einer Person im Vergleich zu einer bestimmten Bezugsgruppe zu interpretieren sind	
Übergeneralisierung	Eine Regel wird vom Kind erkannt und in der Anwendung auf andere Wörter übertragen, auch wenn es für einige Wörter Ausnahmen oder andere Regeln gibt	Mehrzahlbildung: Auto – Autos kennt das Kind bereits und verwendet es korrekt, sagt aber auch Gabel – Gabels oder Buch – Buchs
Verben	Tätigkeitswörter, „Tu-Wörter"	hüpfen, trinken, essen, springen, lachen, laufen, kochen etc.
Verb-Zweitstellungsregel	Das Verb steht an zweiter Stelle im Satz	Anna malt ein Bild. (2) (3)
Vokal	Selbstlaut	[a],[e],[i], [o], [u]

Literatur

Adams, I., Struck, V. & Tillmanns-Karus, M. (2010). *Kunterbunt rund um den Mund. Materialsammlung für die mundmotorische Übungsbehandlung.* Dortmund: Modernes Lernen.

Adler, Y. (2011). *Kinder lernen Sprache(n). Alltagsorientierte Sprachförderung in der Kindertagesstätte.* Stuttgart: Kohlhammer.

Albers, T. (2009). *Sprache und Interaktion im Kindergarten – Eine quantitativ-qualitative Analyse der sprachlichen und kommunikativen Kompetenzen von drei- bis sechsjährigen Kindern.* Bad Heilbrunn: Klinkhardt.

Albers, T. (2011). *Sag mal!* Weinheim, Basel: Beltz.

Albers, T., Jungmann, T. & Lindmeier, B. (2009). Sprache und Interaktion im Kindergarten. Zur Bedeutung sprachlicher Kompetenzen für den Zugang zur Peerkultur in elementarpädagogischen Einrichtungen. *Zeitschrift für Heilpädagogik, 60,* 202–212.

Albertovskaya, E. & Gürsoy, E. (2010). Sprachbeschreibung Russisch. In: Kompetenzzentrum ProDaZ. www.uni-due.de/imperia/md/content/prodaz/rus.pdf.

Andresen, H. (2002). *Interaktion, Sprache und Spiel: Zur Funktion des Rollenspiels für die Sprachentwicklung im Vorschulalter.* Tübingen: Narr.

Austermann, M. & Wohlleben, G. (2008). *Zehn kleine Krabbelfinger: Spiel und Spaß mit unseren Kleinsten.* München: Kösel.

Bauer, J. (2006). *Warum fühle ich was du fühlst? Intuitive Kommunikation und das Geheimnis der Spiegelneurone.* München: Heyne.

Bates, E. & Goodman, J. (1999). On the emergence of language from the lexicon. In: B. MacWhinney (Hrsg.), *The emergence of language* (S. 29–79). Mahwah, N.J.: Erlbaum.

Becker-Mrotzek, M. & Roth, H.J. (2017). *Sprachliche Bildung – Grundlagen und Handlungsfelder.* Münster: Waxmann.

Bertelsmannstiftung (2007). *Sieh, was ich kann! Bildungs- und Lerngeschichten in Kitas – Erfahrungen aus dem Projekt „Kind & Ko".* Gütersloh: Bertelsmannstiftung.

Biermann, I. (2012). *Das Kindergartenfingerspielebuch.* Freiburg: Herder.

Biermann, I. (2013). *Das Kindergarten-Sprachspielbuch.* Freiburg: Herder.

Bortz, J. & Döring, N. (2015). *Forschungsmethoden und Evaluation in den Sozial- und Humanwissenschaften.* Heidelberg: Springer Medizin.

Bridges, K. & Hoff, E. (2014). Older sibling influences on the language environment and language development of toddlers in bilingual homes. *Applied Psycholinguistics, 35(2),* 225–241.

Bruner, J. (Hrsg.) (2002). *Wie das Kind Sprechen lernt.* Bern: Huber.

Bürki, D. (2002). Einfach nur spielen? Symbolspiele in der Therapie. In: B.Zollinger (Hrsg.), *Wenn Kinder die Sprache nicht entdecken. Einblicke in die Praxis der Sprachtherapie* (S. 23–29). Bern: Haupt.

Buschmann, A. (2009). *Heidelberger Elterntraining zur frühen Sprachförderung.* München: Elsevier.

Chilla, S. & Fox-Boyer, A. (2012). *Zweisprachigkeit / Bilingualität. Ein Ratgeber für Eltern.* Idstein: Schulz Kirchner.

Chilla, S., Rothweiler, M. & Babur, E. (2013). *Kindliche Mehrsprachigkeit.* München: Reinhardt.

Clahsen, H. (1982). *Spracherwerb in der Kindheit.* Tübingen: Narr.

Clahsen, H. (1986). *Die Profilanalyse.* Berlin: Edition Marhold.

Dannenbauer, F.M. (1994). Zur Praxis der entwicklungsproximalen Intervention. In: H. Grimm & S. Weinert (Hrsg.), *Intervention bei sprachgestörten Kindern* (S. 83–104). Stuttgart: Gustav Fischer.

Dannenbauer, F. (2002). Grammatik. In: S. Baumgartner & I. Füssenich (Hrsg.), *Sprachtherapie mit Kindern* (S. 105–161). München: Reinhardt UTB.

Deutsches PISA Konsortium (2001). *PISA 2000 Basiskompetenzen von Schülerinnen und Schülern im internationalen Vergleich.* Opladen: Leske & Budrich.

Dhom, C. (2002). *Spiel mit mir, sprich mit mir. Spiele zur Sprachentwicklung vom Kleinkind bis zum Grundschulalter.* Stuttgart: Verlag freies Geistesleben.

Diehl, J.M. & Staufenbiel, T. (2007): *Statistik mit SPSS für Windows, Version 15.* Eschborn bei Frankfurt: Dietmar Klotz.

Eckrodt, C. (2017). Prozessbegleitende alltagsintegrierte Sprachentwicklungsbeobachtung. Zum Konzept und zur Anwendung von BaSiK. *mitSprache*, 3/17, 25–33.

Eckrodt, C., Madeira Firmino, N. & Rieger, S. (2015). BaSiK – Sprache im pädagogischen Alltag beobachten und bilden. *KiTa aktuell spezial* (2), 18–20.

Egert, F. & Hopf, M. (2016). Zur Wirksamkeit von Sprachförderung in Kindertageseinrichtungen in Deutschland - Ein narratives Review. *Kindheit und Entwicklung*, 25 (3), 153–163.

Engin, H. (2010). Sprachförderung bei Kindern mit migrationsbedingter Zwei-/Mehrsprachigkeit und Deutsch als Zweitsprache. In: R. Zimmer (Hrsg.), *Handbuch Sprachförderung durch Bewegung* (S. 188–209). Freiburg: Herder.

Ennemoser, M., Kuhl, J. & Pepouna, S. (2013). Evaluation des Dialogischen Lesens zur Sprachförderung bei Kindern mit Migrationshintergrund. *Zeitschrift für Pädagogische Psychologie*, 27 (4), 229–239.

Ennemoser, M., Pepouna, S. & Hartung, N. (2012). Kulturfaire und prognostisch valide Erfassung des phonologischen Arbeitsgedächtnisses bei Kindern mit Migrationshintergrund. *Unterrichtswissenschaft*, 40 (1), 26–46.

Fisseni, H.J. (1990). *Lehrbuch der psychologischen Diagnostik*. Göttingen: Hogrefe.

Fried, L. (2013). Sprachförderung. In: L. Fried & S. Roux (Hrsg.), *Handbuch Pädagogik der frühen Kindheit* (S. 175–180). Berlin: Cornelsen.

Fröhlich-Gildhoff, K., Nentwig-Gesemann, I. & Pietsch, S. (2011). *Kompetenzorientierung in der Qualifizierung frühpädagogischer Fachkräfte.* Weiterbildungsinitiative Frühpädagogische Fachkräfte (WiFF). München: Deutsches Jugendinstitut.

Gagarina, N., Posse, D., Düsterhöft, S., Topaj, N. & Acikgöz, D. (2014). Sprachförderung bei Mehrsprachigkeit: Erste Ergebnisse der BIVEM-Studie zur Wirksamkeit von Sprachförderung bei jüngeren mehrsprachigen Kindern: Ein Studie des Berliner Interdisziplinären Verbundes für Mehrsprachigkeit (BIVEM). In: A. Adelt, T. Fritzsche, J. Roß & S. Düsterhöft (Hrsg.), *Spektrum Patholinguistik* 7, 139–148. Potsdam: Universitätsverlag Potsdam.

Grimm, H. (2015). *SETK 3-5 Sprachentwicklungstest für drei- bis fünfjährige Kinder* (3. Auflage). Göttingen: Hogrefe.

Grimm, H. (2016). *Sprachentwicklungstest für zweijährige Kinder (SETK-2)* (2. Auflage). Göttingen: Hogrefe.

Gürsoy, E. (2010). Sprachbeschreibung Türkisch. In: Kompetenzzentrum ProDaZ. www.uni-due.de/imperia/md/content/prodaz/trk.pdf.

Hansen, B. & Heidtmann, H. (2004). Pragmatik in Bewegung. *Motorik, 27, (1),* 40–48.

Hasselhorn, M., Gold, A., Kunde, W. & Schneider, S. (2017). *Pädagogische Psychologie: Erfolgreiches Lernen und Lehren.* Stuttgart: Kohlhammer.

Hering, J. & Nickel, S. (2008). *Literacy. Hochschuldidaktische Handreichungen: Sprach- und Literaturdidaktik im Elementarbereich.* Bremen: Universität Bremen.

Hofmann, N., Polotzek, S., Roos, J. & Schöler, H. (2008). Sprachförderung im Vorschulalter – Evaluation dreier Sprachförderkonzepte. *Diskurs Kindheits- und Jugendforschung*, Heft 3/2008, 291–300.

Huber, A. & Kuhn, N. (Hrsg.) (2010). *Gedichte für kleine Wichte: Reime, Lieder, Fingerspiele*. Hamburg: HörCompany.

Jäger, R.S. & Petermann, F. (1999). *Psychologische Diagnostik*. Weinheim: Beltz.

Jampert, K., Thanner, V., Schattel, D., Sens, A., Zehnbauer, A., Best, P. & Laier, M. (Hrsg.) (2011). *Die Sprache der Jüngsten entdecken und begleiten – Sprachliche Bildung und Förderung für Kinder unter Drei*. Berlin: verlag das netz.

Janosch (2004). *Das große Buch der Kinderreime.* Berlin: Beltz & Gelberg.

Jansen, H., Mannhaupt, G., Marx, H. & Skowronek, H. (2002). *Bielefelder Screening zur Früherkennung von Lese-Rechtschreibschwierigkeiten (BISC).* Göttingen: Hogrefe.

Jöcker, D. (2012). *Detlev Jöckers 40 schönste Kindergartenlieder* [CD]. Münster: Menschenkinder.

Kammermeyer, G. & Roux, S. (2013). Sprachbildung und Sprachförderung. In: M. Stamm & D. Edelmann (Hrsg.), *Handbuch frühkindliche Bildungsforschung* (S. 515–528). Berlin: Springer.

Kammermeyer, G., King, S., Goebel, P. et al. (2017). *Mit Kindern im Gespräch. Strategien zur Sprachbildung und Sprachförderung von Kindern in Kindertageseinrichtungen.* Augsburg: Auer.

Kannengieser, S. (2015). *Sprachentwicklungsstörungen. Grundlagen, Diagnostik und Therapie* (3. Auflage). München: Urban und Fischer.

Kany, W. & Schöler, H. (2010). *Fokus: Sprachdiagnostik. Leitfaden zur Sprachbestimmung im Kindergarten* (2. erweiterte Auflage). Berlin: Cornelsen.

Kasprik, B. (2012). *Spiele für den Wickeltisch: Lustige Ideen zum Kitzeln und Schmusen, Strampeln und Greifen, Horchen und Spüren.* Münster: Ökotopia.

Katz-Bernstein, N. (1998). Die Bedeutung von Kommunikation und Sprache für die Sozialisationsprozesse im Vorschulalter. In: B. Zollinger (Hrsg.), *Kinder im Vorschulalter. Erkenntnisse, Beobachtungen und Ideen zur Welt der Drei- bis Siebenjährigen* (S. 195–226). Bern, Stuttgart, Wien: Haupt.

Kittel, A. (2014). *Myofunktionelle Therapie*. Idstein: Schulz-Kirchner.

Klaudy, E.K. & Stöbe-Blossey, S. (2014). Qualität und Evaluation in Kindertageseinrichtungen. In: R. Braches-Chyrek, C. Röhner, H. Sünker & M. Hopf (Hrsg.), *Handbuch Frühe Kindheit* (S. 479–490). Opladen: Budrich.

Kraus, K. (2008). *Beobachtungsstudie über Vorlesen in Kindergärten: Was ist dialogisches Lesen? Kann es die Sprachfähigkeit von Kindern fördern? Wie wird es in deutschen Kindergärten angewendet?* Saarbrücken: Vdm.

Lamnek, S. (2005). *Qualitative Sozialforschung*. Weinheim: Beltz.

Lengyel, D. (2009). *Zweitspracherwerb in der Kita. Eine integrative Sicht auf die sprachliche und kognitive Entwicklung mehrsprachiger Kinder*. Münster: Waxmann.

Lengyel, D. (2012). *Sprachstandsfestellung bei mehrsprachigen Kindern im Elementarbereich. Eine Expertise der Weiterbildungsinitiative Frühpädagogische Fachkräfte (WiFF).* München: Deutsches Jugendinstitut.

Licandro, U. & Lüdtke, U. (2011). ´Peer Tutoring´ als kultur-sensitiver und ressourcenorientierter Interventionsansatz in Fördersituationen mit mehrsprachigen Kindern. In: K. Rosenberger (Hrsg.), *Sprache aufbauen – Grenzen abbauen* (S. 79–86). Wien: Lernen mit Pfiff.

Licandro, U. & Lüdtke, U. (2013). Peer-Interaktionen. Sprachbildung in der und durch die Gruppe. *nifbe-Themenheft Nr. 15.* Osnabrück: Niedersächsisches Institut für frühkindliche Bildung und Entwicklung e.V.

Lisker, A. (2011). *Additive Maßnahmen zur vorschulischen Sprachförderung in den Bundesländern. Expertise im Auftrag des Deutschen Jugendinstituts.* München: DJI. www.dji.de/fileadmin/user_upload/bibs/Expertise_Sprachfoerderung_Lisker_2011.pdf.

Lüdtke, U. & Stitzinger, U. (2015). *Pädagogik bei Beeinträchtigungen der Sprache.* München: Reinhardt.

Lueger, D. (2009). *Beobachtung leicht gemacht.* Berlin: Cornelsen.

Macha, T., Proske, A. & Petermann, F. (2005). Allgemeine Entwicklungsdiagnostik. Validität von Entwicklungstests. *Kindheit und Entwicklung, 14* (3), 150–162.

Madeira Firmino, N. (2012). Zur Sprache kommen – durch Bewegung. In: R. Zimmer (Hrsg.), *Psychomotorik für Kinder unter 3 Jahren* (S. 123–133). Freiburg: Herder.

Madeira Firmino, N. (2015). *Bewegungsorientierte Sprachbildung in der frühen Kindheit. Eine empirische Studie zur bewegungsorientierten Sprachbildung im Krippenalltag unter Berücksichtigung familiärer Einbindung.* Bad Heilbrunn: Klinkhardt.

Mayr, T., Kieferle, C. & Schauland, N. (2017). *Liseb – Literacy- und Sprachentwicklung beobachten* (bei Kleinkindern). Freiburg: Herder.

Meyn-Schwarze, C. (2006). *Das Liederbuch für die ganz kleinen Leute.* Hilden: Verlag für kleine Leute.

Miedzinski, K. & Fischer, K. (2009). *Die Neue Bewegungsbaustelle: Lernen mit Kopf, Herz, Hand und Fuß – Modell bewegungsorientierter Entwicklungsförderung.* Dortmund: Borgmann Media.

Moosbrugger, H. & Kelava, A. (2012). *Testtheorie und Fragebogenkonstruktion* (2. Auflage). Heidelberg: Springer.

Motsch, H.-J. (2017). *Kontextoptimierung. Förderung grammatischer Fähigkeiten in Therapie und Unterricht* (4. Auflage). München: Reinhardt.

Neubaur, C. (1987). *Übergänge. Spiel und Realität in der Psychoanalyse Donald W. Winnicotts.* Frankfurt a.M.: Athenäum.

Nienkerke-Springer, A. & Beudels, W. (2008). *Komm, wir spielen Sprache. Handbuch zur psychomotorischen Förderung von Sprache und Stimme.* Dortmund: Borgmann.

Obregon, N. (2012). Older siblings teaching language skills and early literacy skills in their play with younger siblings. *Dissertation Abstracts International* Section A: Humanities and Social Sciences, Vol 72 (9-A).

Panagiotopoulou, A. (2016). *Mehrsprachigkeit in der Kindheit. Perspektiven für die frühpädagogische Praxis.* Weiterbildungsinitiative Frühpädagogische Fachkräfte, WiFF Expertisen, Band 46. München.

Rasch, B., Friese, M., Hofmann, W. & Naumann, E. (2014). *Quantitative Methoden. Band 1. Einführung in die Statistik für Psychologen und Sozialwissenschaftler.* Berlin: Springer.

Rau, M. (2009*). Literacy – Vom ersten Bilderbuch zum Erzählen, Lesen und Schreiben.* Stuttgart: Haupt.

Rausch, M. (2003). *Linguistische Gesprächsanalyse in der Diagnostik des Sprachverstehens von Kindern am Beginn der expressiven Sprachentwicklung.* Idstein: Schulz-Kirchner.

Ritterfeld, U. (2000). Welchen und wieviel Input braucht mein Kind? In: H. Grimm (Hrsg.), *Enzyklopädie der Psychologie* (CIII, Bd. 3, Sprachentwicklung, S. 403–432). Göttingen: Hogrefe.

Ritterfeld, U. (2005). Interventionsprinzipien bei Spracherwerbsstörungen. *Heilpädagogik online*, 4–29.

Roth, K. & Zimmer, R. (2017). *Das Motorik-ABC. Bewegungs- und Sprachförderung in der Kita.* Berlin: Cornelsen

Rothweiler, M. & Ruberg, T. (2011). *Der Erwerb des Deutschen bei Kindern mit nichtdeutscher Erstsprache.* München: Deutsches Jugendinstitut.

Sallat, S., Hofbauer, C. & Jurleta, R. (2017). *Inklusion an den Schnittstellen von sprachlicher Bildung, Sprachförderung und Sprachtherapie.* Weiterbildungsinitiative Frühpädagogische Fachkräfte, WiFF Expertisen, Band 50. München.

Sandhaus, M. (2010). Babyspeck – Panikmache oder alles im Lot? In: R. Zimmer (Hrsg.), *Bewegung, Körpererfahrung und Gesundheit* (S. 76–83). Berlin: Cornelsen.

Sandhaus, M. (2012). Wahrnehmen – die Sinne erproben. In: R. Zimmer (Hrsg.), *Psychomotorik für Kinder unter 3 Jahren* (S. 105–122). Freiburg: Herder.

Schäfer, G.E. (2004). Beobachten und Dokumentieren. *Kita aktuell NRW,* 7 8, 148–152.

Scharff Rethfeldt, W. (2013). *Kindliche Mehrsprachigkeit. Grundlagen und Praxis der Sprachtherapeutischen Intervention.* Stuttgart: Thieme.

Schlesiger, C. & Mühlhaus, M. (2013). *Late Talker: Späte Sprecher – Wenn zweijährige Kinder noch nicht sprechen.* Idstein: Schulz Kirchner.

Schuele, M.C. & Rice, M.L. (1995). Redirects. A Strategy to increase Peer Interaction. *Journal of Speech and Hearing Research 38,* 1319–1333.

Schulz, M. & Cloos, P. (2013). Beobachtung und Dokumentation von Bildungsprozessen. In: M. Stamm & D. Edelmann (Hrsg.), *Handbuch frühkindliche Bildungsforschung.* Wiesbaden: Springer.

Schulz, P. & Tracy, R. (2011). *Linguistische Sprachstandserhebung – Deutsch als Zweitsprache (LiSe-DaZ).* Göttingen: Hogrefe.

Siegert, S. & Ritterfeld, U. (2000). Die Bedeutung naiver Sprachlehrstrategien in Erwachsenen-Kind-Dyaden. *LOGOS interdisziplinär*, 8, 37–43.

Singerhoff, L. & Stiefenhofer, M. (2004). *Finger- und Bewegungsspiele für Krippenkinder.* Freiburg: Herder.

Suhr, A. (2008). *Sätze rollen, Wörter fliegen: Bewegte Sprachförderung in Kita und Grundschule.* Werl: Don Bosco Medien.

Szagun, G. (2007). *Das Wunder des Spracherwerbs: So lernt Ihr Kind sprechen.* Weinheim: Beltz.

Szagun, G. (2016). *Sprachentwicklung beim Kind* (6. Auflage). Weinheim: Beltz.

Textor, M.R. (1999). Lew Wygotski – entdeckt für die Kindergartenpädagogik. *klein & groß,* 36–40. www.kindergartenpaedagogik.de/19.html.

Titz, C., Geyer, S., Ropeter, A. et al. (2018). *Konzepte zur Sprach- und Schriftsprachförderung entwickeln.* Stuttgart: Kohlhammer.

Tracy, R. (2008). *Wie Kinder Sprache lernen: Und wie wir sie dabei unterstützen können.* Tübingen: Francke.

Ulich, M. & Mayr, T. (2018a). Sismik. *Sprachverhalten und Interesse an Sprache bei Migrantenkindern in Kindertageseinrichtungen.* Freiburg: Herder.

Ulich, M. & Mayr, T. (2018b). Seldak. *Sprachentwicklung und Literacy bei deutschsprachig aufwachsenden Kindern.* Freiburg: Herder.

Vygotsky, L. (1978). Interaction between learning and development. In: M. Gauvain & M. Cole (Hrsg.), *Readings on the Development of Children* (S. 29–26). New York: W.H. Freeman and Company.

Wehrmann, I. (2003). Zukunft der Kindergärten – Kindergärten der Zukunft: Neue Formen der Kindergartenbetreuung. In: W.E. Fthenakis (Hrsg.), *Elementarpädagogik nach Pisa: Wie aus Kindertagesstätten Bildungseinrichtungen werden können* (S. 294–316). Freiburg: Herder.

Weiler, T. (2008). *Ohren an das Knie heran, ob die Nase wackeln kann? Bewegungsreime zur Sprachförderung.* Mühlheim: Verlag an der Ruhr.

Weinert, S. & Grimm, H. (2018). Sprachentwicklung. In: W. Schneider & U. Lindenberger (Hrsg.), *Entwicklungspsychologie* (S. 445–470). Weinheim: Beltz.

Weinrich, M. & Zehner, H. (2017). *Phonetische und phonologische Störungen bei Kindern* (5. Auflage). Heidelberg: Springer.

Weltzien, D. & Viernickel, S. (2012). Die Einführung stärkenorientierter Beobachtungsverfahren. Gelingensbedingungen für den Kompetenzerwerb pädagogischer Fachkräfte. *Frühe Bildung 1(2)*, 78–86.

Wendlandt, W. (2016). *Sprachstörungen im Kindesalter. Materialien zur Früherkennung und Beratung (Forum Logopädie).* Stuttgart: Thieme.

Whitehurst, G.J., Falco, F.L., Lonigan, C.J., Fischel, J.E., DeBaryshe, B.D., Valdez-Menchaca, M.C. & Caulfield, M. (1988). Accelerating language development through picture book reading. *Developmental Psychology, 24*, 552–558.

Winnicott, D.W. (2010). *Vom Spiel zur Kreativität.* Stuttgart: Klett-Cotta.

Wolf, K.M., Felbrich, A., Stanat, P. & Wendt, W. (2011). Evaluation der kompensatorischen Sprachförderung in Brandenburger Kindertagesstätten. *Empirische Pädagogik, 25*, 423–438.

Zimmer, R. (2005). *Bewegung und Sprache. Erarbeitung eines Konzeptes zur Verknüpfung des Entwicklungs- und Bildungsbereichs Bewegung mit der sprachlichen Förderung in Kindertagesstätten.* Expertise im Auftrag des Deutschen Jugendinstituts. München.

Zimmer, R. (2010). *Handbuch Sprachförderung durch Bewegung.* Freiburg: Herder.

Zimmer, R. (Hrsg.) (2011). *Psychomotorik für Kinder unter drei Jahren.* Entwicklungsförderung durch Bewegung. Freiburg: Herder.

Zimmer, R. (2012a). *Handbuch der Psychomotorik.* Theorie und Praxis der psychomotorischen Förderung. Freiburg: Herder.

Zimmer, R. (2012b). *Handbuch der Sinneswahrnehmung.* Grundlagen einer ganzheitlichen Bildung und Erziehung. Freiburg: Herder.

Zimmer, R. (2012c). Mit dem Körper die Sprache entdecken – Lustvolle Zugänge zu Sprache und Literacy. In: I. Hunger & R. Zimmer (Hrsg.), *Frühe Kindheit in Bewegung. Entwicklungspotentiale nutzen* (S. 92–104). Schorndorf: Hofmann.

Zimmer, R. (2013). *Konrad Känguru und Rita Rennmaus. Integrierte Förderung von Bewegung, Sprache und Literacy.* Oberusel: Finken.

Zimmer, R. (2014a). *Handbuch der Bewegungserziehung.* Grundlagen für Ausbildung und pädagogische Praxis. Freiburg: Herder.

Zimmer, R. (2014b). *Krippenkinder – Bewegungslandschaften.* Freiburg: Herder.

Zimmer, R. (2015). *MOT 4-6. Motoriktest für vier- bis sechsjährige Kinder.* Göttingen: Hogrefe.

Zimmer, R. (2016). *Handbuch Sprache und Bewegung. Alltagsintegrierte Sprachbildung in der Kita.* Freiburg: Herder.

Zimmer, R. (2018). *Wilde Spiele zum Austoben. Durch Bewegung zur Ruhe kommen.* Freiburg: Herder.

Zimmer, R. & Vahle, D. (2012). *Ping Pong Pinguin. Lieder zur Sprach- und Bewegungsförderung.* Freiburg: Herder.

Anhang

Norm- und Orientierungstabellen

Im Folgenden finden sich die Normtabellen, die eine Zuordnung von den Summenrohwerten der einzelnen Sprachskalen zu Prozenträngen und T-Werten ermöglichen.

Tab. 18: Normtabelle *BaSiK*-U3-Version: Kinder im Alter von 2;0–2;11 Jahren mit Deutsch als Erstsprache (DaM) (*N* = 191)

Sprachkompetenzen													
Sprachverständnis		Semantik/ Lexikon		Phonetik/ Phonologie		Prosodie		Morphologie/ Syntax		Pragmatik		Literacy	
RW	T	RW	T	RW	T	RW	T	RW	T	RW	T	RW	T
6	15	6	33	5	32	4	29	8	35	5	31	6	28
7	18	7	37	6	37	5	34	9	40	6	35	7	33
8	21	8	40	7	39	6	35	10	42	7	38	8	36
9	26	9	42	8	41	7	36	11	43	8	41	9	38
10	30	10	43	9	43	8	38	12	44	9	43	10	40
11	32	11	44	10	45	9	40	13	45	10	45	11	42
12	33	12	45	11	47	10	43	14	46	11	48	12	45
13	35	13	46	12	49	11	45	15	47	12	49	13	48
14	38	14	47	13	50	12	48	16	48	13	51	14	50
15	40	15	48	14	52	13	52	17	48	14	53	15	53
16	42	16	49	15	55	14	56	18	49	15	55	16	55
17	44	17	50	16	57	15	60	19	50	16	57	17	57
18	47	18	51	17	61	16	67	20	51	17	59	18	59
19	50	19	52	18	65			21	52	18	61	19	61
20	52	20	53	19	69			22	53	19	64	20	63
21	54	21	55	20	73			23	54	20	69	21	64
22	57	22	56					24	55			22	66
23	61	23	59					25	56			23	69
24	68	24	64					26	57			24	76
								27	58				
								28	60				
								29	61				
								30	62				
								31	63				
								32	68				

Anmerkung: DaM = Kinder, die **Deutsch als Erstsprache** (simultan) erworben haben, RW = Summenrohwert, T = zugehöriger T-Wert, dunkel unterlegter Bereich = unterdurchschnittlich entwickelte Sprachkompetenz (ggf. zusätzliche Unterstützung erwägen, siehe Kapitel 5.2.4), hell unterlegter Bereich = durchschnittlich entwickelte Sprachkompetenz, nicht unterlegter Bereich = überdurchschnittlich bis sehr gut entwickelte Sprachkompetenz.

Tab. 19: Orientierungstabelle *BaSiK*-U3-Version: Kinder im Alter von 3;0–3;5 Jahren mit Deutsch als Erstsprache (DaM) (N = 80)

Sprachkompetenzen													
Sprachverständnis		Semantik / Lexikon		Phonetik / Phonologie		Prosodie		Morphologie / Syntax		Pragmatik		Literacy	
RW	T	RW	T	RW	T	RW	T	RW	T	RW	T	RW	T
6	9	6	25	5	29	4	28	8	25	5	27	6	25
7	12	7	29	6	33	5	31	9	29	6	31	7	30
8	26	8	31	7	35	6	33	10	31	7	34	8	34
9	29	9	32	8	36	7	35	11	35	8	36	9	38
10	29	10	33	9	38	8	37	12	38	9	38	10	40
11	31	11	34	10	40	9	39	13	40	10	40	11	42
12	33	12	37	11	42	10	42	14	41	11	43	12	44
13	34	13	40	12	44	11	45	15	42	12	46	13	46
14	36	14	41	13	47	12	47	16	43	13	48	14	49
15	38	15	43	14	50	13	50	17	43	14	50	15	51
16	41	16	43	15	52	14	53	18	44	15	51	16	54
17	43	17	44	16	55	15	57	19	45	16	53	17	56
18	44	18	45	17	58	16	64	20	47	17	55	18	57
19	46	19	46	18	61			21	48	18	58	19	59
20	48	20	48	19	64			22	49	19	62	20	61
21	51	21	49	20	70			23	50	20	67	21	62
22	53	22	52					24	51			22	64
23	57	23	54					25	52			23	67
24	64	24	61					26	53			24	72
								27	54				
								28	55				
								29	56				
								30	58				
								31	60				
								32	65				

Anmerkung: DaM = Kinder, die **Deutsch als Erstsprache** (simultan) erworben haben, RW = Summenrohwert, T = zugehöriger T-Wert, dunkel unterlegter Bereich = unterdurchschnittlich entwickelte Sprachkompetenz (ggf. zusätzliche Unterstützung erwägen, siehe Kapitel 5.2.4), hell unterlegter Bereich = durchschnittlich entwickelte Sprachkompetenz, nicht unterlegter Bereich = überdurchschnittlich bis sehr gut entwickelte Sprachkompetenz.

Tab. 20: Normtabelle *BaSiK*-Ü3-Version: Kinder im Alter von 3;0–3;11 Jahren mit Deutsch als Erstsprache (DaM) (*N* = 206)

Sprachkompetenzen													
Sprach-verständnis		Semantik/ Lexikon		Phonetik/ Phonologie		Prosodie		Morphologie/ Syntax		Pragmatik		Literacy	
RW	T	RW	T	RW	T	RW	T	RW	T	RW	T	RW	T
5	30	4	31	6	29	4	28	11	28	10	22	6	24
6	34	5	35	7	35	5	32	12	31	11	27	7	30
7	36	6	38	8	38	6	35	13	34	12	29	8	35
8	39	7	41	9	40	7	37	14	35	13	31	9	39
9	41	8	44	10	42	8	39	15	36	14	32	10	42
10	43	9	46	11	44	9	42	16	37	15	33	11	44
11	46	10	48	12	45	10	46	17	38	16	33	12	47
12	48	11	50	13	47	11	49	18	38	17	35	13	49
13	50	12	53	14	50	12	52	19	39	18	36	14	51
14	52	13	57	15	52	13	55	20	40	19	39	15	53
15	55	14	60	16	54	14	57	21	41	20	40	16	56
16	58	15	63	17	57	15	61	22	42	21	42	17	58
17	61	16	68	18	60	16	68	23	43	22	43	18	61
18	64			19	62			24	44	23	45	19	65
19	67			20	65			25	46	24	46	20	68
20	71			21	67			26	47	25	48	21	69
				22	70			27	48	26	50	22	71
				23	72			28	49	27	51	23	74
				24	74			29	49	28	52	24	80
								30	50	29	54		
								31	51	30	55		
								32	52	31	56		
								33	54	32	57		
								34	55	33	59		
								35	56	34	61		
								36	57	35	62		
								37	59	36	64		
								38	60	37	67		
								39	61	38	70		
								40	63	39	71		
								41	65	40	78		
								42	68				
								43	70				
								44	73				

Anmerkung: DaM = Kinder, die **Deutsch als Erstsprache** (simultan) erworben haben, RW = Summenrohwert, T = zugehöriger T-Wert, dunkel unterlegter Bereich = unterdurchschnittlich entwickelte Sprachkompetenz (ggf. zusätzliche Unterstützung erwägen, siehe Kapitel 5.2.4), hell unterlegter Bereich = durchschnittlich entwickelte Sprachkompetenz, nicht unterlegter Bereich = überdurchschnittlich bis sehr gut entwickelte Sprachkompetenz.

Tab. 21: Normtabelle *BaSiK*-Ü3-Version: Kinder im Alter von 3;0–3;11 Jahren mit Deutsch als Zweitsprache (DaZ) ($N = 150$)

Sprachkompetenzen													
Sprachverständnis		Semantik / Lexikon		Phonetik / Phonologie		Prosodie		Morphologie / Syntax		Pragmatik		Literacy	
RW	T	RW	T	RW	T	RW	T	RW	T	RW	T	RW	T
7	35	7	37	6	37	4	34	13	38	10	31	6	33
8	41	8	42	7	43	5	39	14	44	11	36	7	40
9	44	9	44	8	46	6	40	15	46	12	39	8	45
10	47	10	46	9	48	7	43	16	47	13	41	9	48
11	48	11	48	10	50	8	46	17	48	14	42	10	50
12	50	12	49	11	52	9	49	18	49	15	44	11	53
13	51	13	51	12	53	10	51	19	50	16	45	12	56
14	53	14	52	13	55	11	54	20	50	17	46	13	58
15	55	15	54	14	57	12	57	21	51	18	48	14	60
16	56	16	56	15	60	13	59	22	52	19	49	15	62
17	57	17	58	16	62	14	60	23	52	20	50	16	64
18	59	18	59	17	65	15	62	24	53	21	52	17	66
19	60	19	60	18	66	16	68	25	54	22	53	18	67
20	62	20	62	19	67			26	55	23	54	19	68
21	64	21	63	20	68			27	55	24	54	20	69
22	65	22	63	21	70			28	56	25	55	21	73
23	66	23	64	22	71			29	56	26	56	22	82
24	68	24	65	23	73			30	57	27	57	23	85
25	69	25	67	24	81			31	58	28	59	24	87
26	71	26	69					32	58	29	59		
27	72	27	72					33	59	30	60		
28	75	28	77					34	60	31	61		
								35	60	32	62		
								36	61	33	63		
								37	62	34	64		
								38	63	35	65		
								39	63	36	66		
								40	64	37	67		
								41	64	38	70		
								42	65	39	71		
								43	66	40	75		
								44	67				
								45	68				
								46	70				
								47	70				
								48	71				
								49	73				
								50	74				
								51	77				
								52	85				

Anmerkung: DaZ = Kinder, die **Deutsch als Zweitsprache** (sukzessiv) erworben haben, RW = Summenrohwert, T = zugehöriger T-Wert, dunkel unterlegter Bereich = unterdurchschnittlich entwickelte Sprachkompetenz (ggf. zusätzliche Unterstützung erwägen, siehe Kapitel 5.2.4), hell unterlegter Bereich = durchschnittlich entwickelte Sprachkompetenz, nicht unterlegter Bereich = überdurchschnittlich bis sehr gut entwickelte Sprachkompetenz.

Tab. 22: Normtabelle *BaSiK*-Ü3-Version: Kinder im Alter von 4;0–4;11 Jahren mit Deutsch als Erstsprache (DaM) (N = 194)

Sprachkompetenzen													
Sprach-verständnis		Semantik / Lexikon		Phonetik / Phonologie		Prosodie		Morphologie / Syntax		Pragmatik		Literacy	
RW	T	RW	T	RW	T	RW	T	RW	T	RW	T	RW	T
5	24	4	22	6	26	4	27	11	22	10	22	6	24
6	28	5	27	7	29	5	31	12	24	11	24	7	28
7	29	6	29	8	30	6	32	13	24	12	25	8	32
8	30	7	30	9	32	7	33	14	26	13	26	9	36
9	30	8	32	10	34	8	35	15	28	14	28	10	38
10	32	9	34	11	35	9	37	16	29	15	29	11	40
11	34	10	38	12	36	10	40	17	30	16	30	12	42
12	37	11	42	13	38	11	42	18	31	17	31	13	44
13	40	12	46	14	40	12	46	19	31	18	32	14	46
14	42	13	49	15	42	13	50	20	32	19	33	15	48
15	46	14	52	16	45	14	54	21	33	20	34	16	51
16	50	15	56	17	47	15	57	22	34	21	36	17	53
17	52	16	63	18	50	16	63	23	34	22	38	18	56
18	55			19	54			24	35	23	39	19	59
19	58			20	56			25	35	24	40	20	61
20	64			21	59			26	36	25	41	21	63
				22	61			27	38	26	42	22	66
				23	65			28	39	27	44	23	70
				24	71			29	41	28	45	24	74
								30	43	29	47		
								31	44	30	49		
								32	45	31	52		
								33	48	32	53		
								34	49	33	55		
								35	51	34	57		
								36	52	35	60		
								37	53	36	62		
								38	54	37	64		
								39	55	38	66		
								40	57	39	69		
								41	59	40	74		
								42	61				
								43	64				
								44	68				

Anmerkung: DaM = Kinder, die **Deutsch als Erstsprache** (simultan) erworben haben, RW = Summenrohwert, T = zugehöriger T-Wert, dunkel unterlegter Bereich = unterdurchschnittlich entwickelte Sprachkompetenz (ggf. zusätzliche Unterstützung erwägen, siehe Kapitel 5.2.4), hell unterlegter Bereich = durchschnittlich entwickelte Sprachkompetenz, nicht unterlegter Bereich = überdurchschnittlich bis sehr gut entwickelte Sprachkompetenz.

Tab. 23: Normtabelle *BaSiK*-Ü3-Version: Kinder im Alter von 4;0–4;11 Jahren mit Deutsch als Zweitsprache (DaZ) ($N = 145$)

Sprachkompetenzen													
Sprachverständnis		Semantik/Lexikon		Phonetik/Phonologie		Prosodie		Morphologie/Syntax		Pragmatik		Literacy	
RW	T	RW	T	RW	T	RW	T	RW	T	RW	T	RW	T
7	30	7	31	6	32	4	30	13	33	10	27	6	30
8	34	8	35	7	36	5	35	14	37	11	31	7	36
9	37	9	38	8	39	6	37	15	39	12	33	8	40
10	40	10	40	9	41	7	39	16	40	13	34	9	43
11	42	11	42	10	42	8	40	17	41	14	36	10	45
12	44	12	43	11	43	9	42	18	42	15	36	11	47
13	45	13	44	12	46	10	44	19	43	16	37	12	49
14	47	14	46	13	48	11	47	20	44	17	39	13	50
15	48	15	47	14	49	12	50	21	44	18	40	14	51
16	49	16	48	15	51	13	53	22	44	19	42	15	52
17	50	17	49	16	54	14	55	23	45	20	43	16	54
18	51	18	51	17	57	15	59	24	46	21	44	17	55
19	53	19	52	18	59	16	65	25	46	22	45	18	57
20	54	20	53	19	61			26	47	23	46	19	60
21	56	21	55	20	64			27	48	24	47	20	62
22	57	22	57	21	65			28	49	25	48	21	64
23	58	23	59	22	67			29	49	26	49	22	67
24	60	24	61	23	69			30	50	27	50	23	69
25	62	25	63	24	74			31	51	28	51	24	73
26	65	26	67					32	51	29	53		
27	68	27	70					33	52	30	54		
28	73	28	73					34	53	31	55		
								35	55	32	56		
								36	56	33	58		
								37	56	34	60		
								38	57	35	61		
								39	58	36	63		
								40	58	37	65		
								41	59	38	67		
								42	60	39	71		
								43	61	40	75		
								44	62				
								45	63				
								46	64				
								47	65				
								48	67				
								49	68				
								50	70				
								51	71				
								52	74				

Anmerkung: DaZ = Kinder, die **Deutsch als Zweitsprache** (sukzessiv) erworben haben, RW = Summenrohwert, T = zugehöriger T-Wert, dunkel unterlegter Bereich = unterdurchschnittlich entwickelte Sprachkompetenz (ggf. zusätzliche Unterstützung erwägen, siehe Kapitel 5.2.4), hell unterlegter Bereich = durchschnittlich entwickelte Sprachkompetenz, nicht unterlegter Bereich = überdurchschnittlich bis sehr gut entwickelte Sprachkompetenz.

Tab. 24: **Normtabelle *BaSiK*-Ü3-Version:** Kinder im Alter von 5;0–5;11 Jahren mit Deutsch als Erstsprache (DaM) (N = 193)[13]

Sprachkompetenzen													
Sprach-verständnis		Semantik/Lexikon		Phonetik/Phonologie		Prosodie		Morphologie/Syntax		Pragmatik		Literacy	
RW	T	RW	T	RW	T	RW	T	RW	T	RW	T	RW	T
5	9	4	6	6	24	4	22	11	2	10	7	6	15
6	11	5	11	7	27	5	24	12	9	11	10	7	22
7	12	6	12	8	27	6	25	13	10	12	11	8	26
8	22	7	22	9	28	7	29	14	11	13	12	9	28
9	24	8	27	10	29	8	32	15	22	14	14	10	30
10	25	9	30	11	30	9	34	16	24	15	22	11	31
11	28	10	32	12	31	10	37	17	26	16	25	12	34
12	31	11	35	13	33	11	39	18	28	17	25	13	38
13	34	12	39	14	35	12	42	19	28	18	26	14	41
14	38	13	43	15	37	13	45	20	28	19	28	15	43
15	42	14	46	16	39	14	49	21	29	20	29	16	45
16	45	15	50	17	42	15	53	22	29	21	30	17	47
17	47	16	58	18	44	16	60	23	29	22	31	18	50
18	50			19	47			24	30	23	32	19	52
19	53			20	49			25	31	24	33	20	54
20	60			21	52			26	31	25	35	21	56
				22	55			27	33	26	37	22	59
				23	59			28	34	27	39	23	62
				24	65			29	35	28	40	24	67
								30	37	29	42		
								31	38	30	43		
								32	39	31	45		
								33	41	32	47		
								34	43	33	49		
								35	44	34	51		
								36	45	35	53		
								37	46	36	54		
								38	48	37	57		
								39	49	38	59		
								40	51	39	62		
								41	53	40	68		
								42	56				
								43	59				
								44	65				

Anmerkung: DaM = Kinder, die **Deutsch als Erstsprache** (simultan) erworben haben, RW = Summenrohwert, T = zugehöriger T-Wert, dunkel unterlegter Bereich = unterdurchschnittlich entwickelte Sprachkompetenz (ggf. zusätzliche Unterstützung erwägen, siehe Kapitel 5.2.4), hell unterlegter Bereich = durchschnittlich entwickelte Sprachkompetenz, nicht unterlegter Bereich = überdurchschnittlich bis sehr gut entwickelte Sprachkompetenz.

[13] In dieser Normgruppe existiert in der Sprachskala „Semantik/Lexikon" kein überdurchschnittlicher Bereich, da der höchste Rohwert der Skala bereits vom Durchschnitt der Kinder erreicht wird.

Tab. 25: **Normtabelle *BaSiK*-Ü3-Version:** Kinder im Alter von 5;0–5;11 Jahren mit Deutsch als Zweitsprache (DaZ) ($N = 142$)

Sprachkompetenzen													
Sprachverständnis		Semantik / Lexikon		Phonetik / Phonologie		Prosodie		Morphologie / Syntax		Pragmatik		Literacy	
RW	T	RW	T	RW	T	RW	T	RW	T	RW	T	RW	T
7	27	7	27	6	29	4	23	13	30	10	18	6	25
8	31	8	30	7	32	5	28	14	33	11	26	7	29
9	33	9	33	8	35	6	31	15	34	12	29	8	32
10	35	10	35	9	37	7	34	16	35	13	29	9	35
11	37	11	36	10	38	8	36	17	36	14	30	10	38
12	38	12	37	11	40	9	39	18	38	15	31	11	40
13	38	13	38	12	41	10	42	19	38	16	32	12	42
14	40	14	39	13	42	11	44	20	39	17	33	13	44
15	41	15	40	14	45	12	47	21	39	18	35	14	46
16	42	16	41	15	46	13	51	22	40	19	36	15	48
17	44	17	43	16	48	14	54	23	40	20	36	16	50
18	45	18	44	17	49	15	57	24	41	21	38	17	52
19	47	19	46	18	51	16	64	25	42	22	39	18	55
20	48	20	47	19	54			26	43	23	41	19	58
21	50	21	49	20	56			27	43	24	43	20	60
22	52	22	51	21	59			28	44	25	44	21	62
23	53	23	52	22	61			29	45	26	45	22	65
24	55	24	54	23	64			30	45	27	47	23	67
25	57	25	56	24	69			31	47	28	48	24	72
26	59	26	58					32	48	29	49		
27	63	27	61					33	48	30	50		
28	69	28	66					34	48	31	51		
								35	49	32	52		
								36	50	33	54		
								37	51	34	55		
								38	51	35	57		
								39	53	36	58		
								40	54	37	60		
								41	55	38	62		
								42	56	39	64		
								43	57	40	69		
								44	57				
								45	58				
								46	59				
								47	60				
								48	61				
								49	63				
								50	66				
								51	68				
								52	72				

Anmerkung: DaZ = Kinder, die **Deutsch als Zweitsprache** (sukzessiv) erworben haben, RW = Summenrohwert, T = zugehöriger T-Wert, dunkel unterlegter Bereich = unterdurchschnittlich entwickelte Sprachkompetenz (ggf. zusätzliche Unterstützung erwägen, siehe Kapitel 5.2.4), hell unterlegter Bereich = durchschnittlich entwickelte Sprachkompetenz, nicht unterlegter Bereich = überdurchschnittlich bis sehr gut entwickelte Sprachkompetenz.

Tab. 26: **Normtabelle *BaSiK*-Ü3-Version:** Kinder im Alter von 6;0–6;11 Jahren mit Deutsch als Erstsprache (DaM) (N = 132)[14]

Sprachkompetenzen													
Sprachverständnis		Semantik / Lexikon		Phonetik / Phonologie		Prosodie		Morphologie / Syntax		Pragmatik		Literacy	
RW	T	RW	T	RW	T	RW	T	RW	T	RW	T	RW	T
5	1	4	23	6	7	4	8	11	7	10	6	6	6
6	5	5	26	7	15	5	23	12	10	11	8	7	14
7	23	6	26	8	24	6	27	13	11	12	10	8	17
8	26	7	26	9	27	7	28	14	12	13	11	9	24
9	26	8	29	10	29	8	29	15	12	14	23	10	27
10	27	9	32	11	30	9	32	16	26	15	26	11	29
11	30	10	34	12	31	10	34	17	28	16	26	12	31
12	32	11	37	13	34	11	37	18	28	17	26	13	33
13	34	12	40	14	35	12	41	19	28	18	26	14	36
14	36	13	42	15	36	13	44	20	29	19	26	15	39
15	39	14	44	16	38	14	48	21	30	20	28	16	41
16	41	15	48	17	39	15	51	22	31	21	30	17	43
17	44	16	57	18	42	16	59	23	31	22	30	18	45
18	46			19	44			24	32	23	32	19	48
19	49			20	47			25	32	24	33	20	51
20	58			21	49			26	34	25	35	21	53
				22	51			27	35	26	36	22	56
				23	54			28	36	27	38	23	59
				24	61			29	37	28	40	24	65
								30	38	29	41		
								31	39	30	42		
								32	41	31	43		
								33	42	32	45		
								34	43	33	47		
								35	43	34	49		
								36	44	35	50		
								37	45	36	52		
								38	46	37	54		
								39	47	38	56		
								40	49	39	59		
								41	51	40	64		
								42	53				
								43	56				
								44	62				

Anmerkung: DaM = Kinder, die **Deutsch als Erstsprache** (simultan) erworben haben, RW = Summenrohwert, T = zugehöriger T-Wert, dunkel unterlegter Bereich = unterdurchschnittlich entwickelte Sprachkompetenz (ggf. zusätzliche Unterstützung erwägen, siehe Kapitel 5.2.4), hell unterlegter Bereich = durchschnittlich entwickelte Sprachkompetenz, nicht unterlegter Bereich = überdurchschnittlich bis sehr gut entwickelte Sprachkompetenz.

[14] In dieser Normgruppe existiert in einigen Sprachskalen kein überdurchschnittlicher Bereich, da die höchsten Rohwerte der Skalen bereits vom Durchschnitt der Kinder erreicht werden.

Tab. 27: Orientierungstabelle *BaSiK*-Ü3-Version: Kinder im Alter von 6;0–6;11 Jahren mit Deutsch als Zweitsprache (DaZ) (N = 47)[15]

Sprachkompetenzen													
Sprachverständnis		Semantik / Lexikon		Phonetik / Phonologie		Prosodie		Morphologie / Syntax		Pragmatik		Literacy	
RW	T	RW	T	RW	T	RW	T	RW	T	RW	T	RW	T
7	11	7	13	6	27	4	27	13	13	10	5	6	27
8	14	8	16	7	30	5	30	14	16	11	7	7	29
9	16	9	18	8	32	6	30	15	19	12	9	8	30
10	23	10	20	9	33	7	30	16	27	13	26	9	30
11	26	11	28	10	34	8	31	17	30	14	28	10	31
12	26	12	30	11	35	9	33	18	30	15	28	11	32
13	29	13	31	12	37	10	37	19	30	16	28	12	34
14	31	14	32	13	38	11	40	20	31	17	28	13	35
15	31	15	34	14	39	12	43	21	31	18	29	14	38
16	33	16	36	15	41	13	46	22	33	19	29	15	42
17	34	17	38	16	42	14	48	23	34	20	30	16	45
18	35	18	40	17	45	15	52	24	34	21	30	17	47
19	36	19	43	18	47	16	60	25	35	22	32	18	50
20	37	20	45	19	49			26	36	23	33	19	51
21	38	21	47	20	50			27	37	24	34	20	53
22	40	22	48	21	52			28	38	25	35	21	56
23	40	23	50	22	55			29	39	26	38	22	58
24	41	24	51	23	58			30	40	27	39	23	62
25	42	25	52	24	64			31	41	28	40	24	73
26	42	26	53					32	42	29	41		
27	43	27	55					33	43	30	43		
28	45	28	61					34	44	31	45		
								35	45	32	47		
								36	46	33	51		
								37	47	34	55		
								38	47	35	56		
								39	49	36	58		
								40	50	37	60		
								41	51	38	63		
								42	52	39	64		
								43	52	40	68		
								44	53				
								45	53				
								46	55				
								47	56				
								48	57				
								49	58				
								50	60				
								51	63				
								52	69				

Anmerkung: DaZ = Kinder, die **Deutsch als Zweitsprache** (sukzessiv) erworben haben, RW = Summenrohwert, T = zugehöriger T-Wert, dunkel unterlegter Bereich = unterdurchschnittlich entwickelte Sprachkompetenz (ggf. zusätzliche Unterstützung erwägen, siehe Kapitel 5.2.4), hell unterlegter Bereich = durchschnittlich entwickelte Sprachkompetenz, nicht unterlegter Bereich = überdurchschnittlich bis sehr gut entwickelte Sprachkompetenz.

[15] In dieser Orientierungstabelle existiert in der Sprachskala „Sprachverständnis" kein überdurchschnittlicher Bereich, da der höchste Rohwert der Skala bereits vom Durchschnitt der Kinder erreicht wird.

Protokollbögen
BaSiK-U3-Version

BaSiK auf einen Blick:

Hinweise für die praktische Anwendung im Alltag

1. Was bedeutet „entwicklungs- und prozessbegleitende Beobachtung und Dokumentation"?

Bei ***BaSiK*** erfolgt die Beobachtung zur Überprüfung von Sprachkompetenzen nicht einmalig und punktuell, sondern „begleitend" im pädagogischen Alltag mit dem Ziel, den Sprachentwicklungsverlauf eines Kindes kontinuierlich zu dokumentieren. Daher sind pro Item (= Beobachtungsaufgabe) jeweils drei Zeilen zum Ankreuzen (Zeitraum: 1, 2, 3) vorgegeben, die drei aufeinanderfolgende Zeitpunkte der Beobachtung und Dokumentation markieren. Durch das Sprachprofil, welches am Ende der Auswertung auszufüllen ist, kann so der individuelle Sprachentwicklungsverlauf eines Kindes in unterschiedlichen Kompetenzbereichen dargestellt werden (siehe Kapitel 5).

2. Welcher Beobachtungszeitraum ist vorgesehen und wie oft muss ich mit *BaSiK* beobachten?

Die Dauer der Protokollierung beträgt circa **20 bis 40 Minuten** pro Kind, je nachdem, wie umfangreich dokumentiert wird. Beim Ausfüllen der Protokollbögen ist darauf zu achten, die Items **weder aufgrund einer globalen Einschätzung noch durch die Beobachtung einer einzelnen Situation zu bewerten. Vielmehr sollte der Zeitraum der letzten vier Wochen mit unterschiedlichen Beobachtungssituationen als Grundlage der Dokumentation dienen.** Dabei wird empfohlen, während der Beobachtung Beispielsituationen zu notieren (siehe Kapitel 5.2). Um den Sprachentwicklungsprozess anhand von ***BaSiK*** begleiten und unterstützen zu können, sollte einmal jährlich beobachtet und dokumentiert werden. In besonderen Fällen (z.B., wenn Auffälligkeiten in der Sprachentwicklung erkannt wurden) ist eine mindestens halbjährliche Beobachtung ratsam.

3. Welche Kinder beobachte ich mit der *BaSiK*-U3-Version?

Für die Beobachtung und Dokumentation der Sprachentwicklung von Kindern im Alter von 1;0 bis 3;5 Jahren steht der ***BaSiK***-U3-Protokollbogen zur Verfügung.
Obwohl bereits einjährige Kinder anhand der ***BaSiK***-U3-Version zuverlässig beobachtet werden können (siehe auch die zusätzlichen Items für einjährige Kinder), ist für diesen Altersbereich noch keine quantitative Auswertung vorgesehen, da die normale Sprachentwicklung in diesem Alter sehr variabel verläuft. Ab einem Alter von zwei Jahren ist eine strukturierte und systematische Beobachtung mit anschließender Auswertung möglich und sinnvoll (siehe Kapitel 5.2).
Kinder im Alter von 3;0 bis 3;5 Jahren können sowohl mit dem ***BaSiK***-U3-Protokollbogen als auch mit dem ***BaSiK***-Ü3-Protokollbogen (Version für Kinder im Alter von 3;0 bis 6;11 Jahren) ressourcenorientiert beobachtet werden. Diese Überschneidung der Altersbereiche wurde bewusst gewählt, da die sprachliche Entwicklung individuell sehr unterschiedlich verläuft (siehe Kapitel 5.1).

4. Enthält *BaSiK* Marker und Orientierungspunkte?

BaSiK enthält sowohl Marker für die kindliche Sprachentwicklung als auch verschiedene Orientierungspunkte, die bedeutsam für die Sprachentwicklung sind. Sie finden sich in den unterschiedlichen Sprachskalen (Semantik/Lexikon, Phonetik/Phonologie und Morphologie/Syntax). Weitere Informationen über die Marker und Orientierungspunkte sowie Hinweise zum Umgang mit ihnen erhalten Sie in Kapitel 4.2.3.

5. Was muss ich beachten, wenn ich mehrsprachige und entwicklungsverzögerte Kinder mit *BaSiK* beobachte?

In ***BaSiK*** wird aufgrund theoretischer und statistischer Analysen zwischen Kindern mit DaM (Deutsch als Muttersprache) und Kindern mit DaZ (Deutsch als Zweitsprache) unterschieden. Kinder, die die deutsche Sprache monolingual erwerben, und Kinder mit doppeltem Erstspracherwerb zählen hierbei zu den Kindern mit DaM, während Kinder mit sukzessivem Erwerb (ab 2;0 Jahre) als Kinder mit DaZ definiert werden. Für weitere Informationen wird auf die Kapitel 2.5, 4.2.4 und 7.1 verwiesen. Grundsätzlich gilt: Je nachdem, welcher Protokollbogen genauere Informationen über die sprachliche Entwicklung eines Kindes liefert, können die vorgegebenen Altersgrenzen vernachlässigt werden. Wenn zum Beispiel ein vierjähriges Kind erst seit einem Jahr mit der deutschen Sprache in Kontakt ist, empfiehlt es sich gegebenenfalls – trotz seines Alters –, den Protokollbogen ***BaSiK***-U3 zu verwenden. Ebenso verhält es sich mit entwicklungsverzögerten Kindern; bei ihnen ist der entwicklungsentsprechende und nicht der altersentsprechende Bogen zu wählen.

6. Was kreuze ich an, wenn ich eine Fähigkeit nur zu einem gewissen Zeitpunkt im Spracherwerb beobachten kann (z.B. Zweiwortsätze)?

In ***BaSiK*** wurde eine Beobachtungsskala von „1" (trifft noch nicht zu) bis „4" (trifft voll und ganz zu) gewählt. Manche Items erscheinen ab einem bestimmten Zeitpunkt wenig informativ, da die Kinder die geschilderte Kompetenz längst erworben bzw. schon weiterentwickelt haben (z.B. „Das Kind spricht in Zweiwortsätzen"). Für den Fall, dass eine quantitative Auswertung erfolgen soll (siehe „Auswertungsschablone"), ist bei diesen Items eine „4" anzukreuzen. Ansonsten kann statt des Ankreuzens auch eine Notiz in dem freien Bereich für „Erläuterungen/Beispielsituationen" eingetragen werden.

7. Warum gibt es Fragen, die nur mit „Ja / Nein" beantwortet werden können?

Die Items, die mit „Ja" oder „Nein" beantwortet werden können, dienen der Sensibilisierung und liefern wichtige Hintergrundinformationen, die gegebenenfalls auch über die Eltern erfragt werden sollten. Liegen Auffälligkeiten in diesen Items vor, sollten im Rahmen der qualitativen Auswertung die Eltern verständigt und ihnen eventuell nahegelegt werden, sich weitere Informationen einzuholen bzw. andere Professionen (z.B. den Kinderarzt) zu kontaktieren (siehe Kapitel 5.1).

8. Wie werte ich *BaSiK* aus?

Für die Auswertung von ***BaSiK*** gibt es zwei Möglichkeiten:

- **Die qualitativ orientierte Auswertung:** Hierbei steht der individuelle Erkenntnisgewinn für die spätere Sprachbildung im Vordergrund. Die einzelnen Beobachtungsitems werden genau analysiert, wobei insbesondere den Erläuterungen und Beispielsituationen in der rechten Spalte eine hohe Bedeutung zukommt. Damit werden die sprachlich-kommunikativen Ressourcen eines Kindes erkannt, aber auch mögliche Schwierigkeiten aufgedeckt, die es zu bewältigen gilt (siehe Kapitel 5.2.1). Aufbauend darauf können Situationen abgeleitet werden, die natürliche Sprachanlässe des pädagogischen Alltags aufgreifen und direkt auf das betreffende Kind zugeschnitten sind. Hierfür werden in der Tabelle 16 (siehe Kapitel 8.2) exemplarisch Bezüge zwischen Items und Sprachbildungssituationen hergestellt (siehe Kapitel 5.2.2).
- **Die quantitative Auswertung:** Im Vordergrund steht bei dieser Art der Auswertung die Erstellung eines Sprachprofils, welches Aufschluss darüber gibt, wo sich das Kind – im Vergleich zu vorangegangenen Beobachtungszeiträumen und zu gleichaltrigen Kindern mit ähnlichem Erwerbsbeginn der deutschen Sprache – in seiner Sprachentwicklung befindet. Hierzu werden mithilfe der angekreuzten Zahlen die Summenwerte der entsprechenden Skalen gebildet. Für die Bildung des Summenwerts werden auf der Auswertungsschablone die Items, die den jeweiligen „richtigen" Summenwert ergeben, eingetragen. In einem weiteren Schritt werden die zu den jeweiligen Summenwerten zugehörigen Norm- bzw. Orientierungswerte aus den im Anhang zur Verfügung stehenden Tabellen ausgewählt (siehe Kapitel 5.2.3). Abschließend können die T-Werte der jeweiligen Skalen in das Sprachprofil, welches sich am Ende des Protokollbogens befindet, eingetragen werden. Es wird empfohlen, alle Dokumentationszeiträume mit unterschiedlichen Farben einzutragen, sodass der individuelle Sprachentwicklungsverlauf direkt ersichtlich ist (siehe Kapitel 5.2.4).

9. Umgang mit Sprachbildungssituationen

Da im Rahmen alltagsintegrierter Sprachbildung keine vorgegebenen Materialien oder Zeitpläne existieren, soll anhand verschiedener Situationen des pädagogischen Alltags veranschaulicht werden, wie die Sprachentwicklung der Kinder alltagsintegriert unterstützt werden kann. Es handelt sich hierbei zum einen um konkrete Spielideen und Vorschläge, die der pädagogischen Fachkraft als Anregung für die praktische Arbeit dienen. Zum anderen werden ausgewählte Alltagssituationen beschrieben, und anhand dieser wird exemplarisch aufgezeigt, welche Sprachanlässe die unterschiedlichen Alltagsthemen bieten und wie dieses sprachliche Potenzial von der pädagogischen Fachkraft genutzt werden kann. Die Themenauswahl und die jeweils darunter zu findende Zuordnung der exemplarischen Sprachbildungssituationen sind hierbei als eine Einteilungsmöglichkeit anzusehen. Die Auswahl erhebt keinen Anspruch auf Vollständigkeit. Es sind selbstverständlich weitere Themenbereiche und Einteilungen denkbar und im pädagogischen Alltag allgegenwärtig (siehe Kapitel 8.2).

Fragen zum Kind

Persönliche Angaben zum Kind

Vorname: ______________________

Nachname: ______________________

Geschlecht: ◯ weiblich ◯ männlich

	Jahr	Monat	Tag
Geburtsdatum			

Name der Einrichtung: ______________________

Durchgeführt von: ______________________

Beobachtungszeitraum	1. ______	2. ______	3. ______
Alter des Kindes			

Eintritt in die Kita mit ______ ; ______ (Angabe in Jahren; Monaten)

Wie viele Geschwister hat das Kind und welche Reihung liegt vor? (Ist das Kind z.B. das Zweite von drei Kindern, das Jüngste von vier Kindern ...)

____

Erhält das Kind Unterstützung im Bereich Sprache und Kommunikation?

◯ Sprachtherapie/Logopädie ◯ Frühförderung seit: ______ Monaten ◯ Nein

Befindet sich das Kind in einer anderen therapeutischen Behandlung?

◯ Ja, welche: ______________________ seit: ______ Monaten ◯ Nein

Liegt eine Entwicklungsverzögerung oder Behinderung vor? ◯ Ja, welche: ______________________ ◯ Nein

Saugt das Kind noch regelmäßig, d.h. täglich, am Schnuller oder Daumen? ◯ Ja ◯ Nein

Angaben zum Erst- und Zweitspracherwerb

Welche Erstsprache hat das Kind erlernt?

○ Deutsch ○ Türkisch ○ Russisch ○ Italienisch ○ Arabisch ○ Andere: ____________

Beherrscht das Kind seine Erstsprache seinem Alter angemessen (laut Aussage seiner Bezugspersonen)? ____________

Wenn das Kind mehrsprachig aufwächst, bevorzugt es eine Sprache? ○ Ja, welche: ____________ ○ Nein

Welche Sprachen werden in dem familiären Umfeld/von den engeren Bezugspersonen des Kindes gesprochen?

Mutter: ____________ Vater: ____________ Geschwister: ____________ Großeltern: ____________

____________ : ____________
(Andere Bezugsperson)

In welchem Alter hatte das Kind zum ersten Mal intensiven Kontakt mit der deutschen Sprache
(z.B. durch Eintritt in eine Kindertageseinrichtung)?

○ 0–24 Monate
Kind mit Deutsch als Erstsprache (unabhängig davon, welche andere Erstsprache es womöglich zuerst erwirbt)

○ Ab 25 Monate
Kind mit Deutsch als Zweitsprache

Weitere Informationen zur Entscheidung über Erst- und Zweitsprache finden sich in Kapitel 2.5.

Notizen

Basiskompetenzen

Hinweis: Die Basiskompetenzen (Seite 88 bis 91) können qualitativ beschreibend ausgewertet werden. Eine quantitative (rechnerische) Auswertung kann nicht vorgenommen werden.

Auditiv

Das Kind …[17]	Zeitraum	trifft voll und ganz zu 4	3	2	trifft noch nicht zu 1	Erläuterungen, Beispielsituationen
1) … kann Geräusche erkennen und sie bestimmten Gegenständen zuordnen (z.B. Telefon, Türklingel).	1	○	○	○	○	
	2	○	○	○	○	
	3	○	○	○	○	
2) … kann ein Geräusch lokalisieren/hören, aus welcher Richtung es kommt (schaut z.B. zur Tür, wenn geklopft wird).	1	○	○	○	○	
	2	○	○	○	○	
	3	○	○	○	○	
3) … reagiert, wenn es angesprochen wird (unterbricht seine derzeitige Tätigkeit, bleibt z.B. stehen).	1	○	○	○	○	
	2	○	○	○	○	
	3	○	○	○	○	
4) … kann eine bestimmte Geräuschquelle aus Nebengeräuschen heraushören (hört z.B. ein Signal, welches das Ende eines Spiels einläutet).	1	○	○	○	○	
	2	○	○	○	○	
	3	○	○	○	○	

	Zeitraum	Ja	Nein	
5) … hat/hatte in den vergangenen sechs Monaten eine Erkältung oder Infektion, die möglicherweise sein Hörvermögen vermindert(e).	1	○	○	
	2	○	○	
	3	○	○	
6) … hat eine diagnostizierte Hörstörung.	1	○	○	
	2	○	○	
	3	○	○	

Mundmotorik

Das Kind …	Zeitraum	Ja	Nein	
1) … trinkt selbstständig aus einer Tasse oder einem Becher.	1	○	○	
	2	○	○	
	3	○	○	
2) … kaut mühelos feste Nahrung (z.B. Apfel, Möhre, Brot mit Rinde).	1	○	○	
	2	○	○	
	3	○	○	

Mundmotorik

Das Kind …	Zeitraum	Ja	Nein	Erläuterungen, Beispielsituationen
3) … kann an einem Trinkhalm saugen bzw. damit trinken.	1	○	○	
	2	○	○	
	3	○	○	
4) … hat einen intakten Mundschluss bzw. kann durch die Nase atmen (schließt den Mund, wenn es nicht spricht).	1	○	○	
	2	○	○	
	3	○	○	
5) … kann seine Zunge in Richtung Nase, Kinn und Ohren bewegen.	1	○	○	
	2	○	○	
	3	○	○	
6) … verschluckt sich häufig beim Essen und/oder Trinken.	1	○	○	
	2	○	○	
	3	○	○	
7) … hat gepflegte Zähne.	1	○	○	
	2	○	○	
	3	○	○	
8) … hat einen ungewöhnlich starken Speichelfluss.	1	○	○	
	2	○	○	
	3	○	○	

Taktil-kinästhetisch

Das Kind …	Zeitraum	trifft voll und ganz zu 4	3	2	trifft noch nicht zu 1
1) … kann Berührungen am eigenen Körper lokalisieren (merkt z.B., dass es am Fuß berührt wird).	1	○	○	○	○
	2	○	○	○	○
	3	○	○	○	○
2) … kann Oberflächen unterscheiden (z.B. rau, glatt).	1	○	○	○	○
	2	○	○	○	○
	3	○	○	○	○
3) … kann die eigene Bewegung Hindernissen anpassen (z.B. sich klein machen beim Hindurchwinden).	1	○	○	○	○
	2	○	○	○	○
	3	○	○	○	○

Taktil-kinästhetisch

Das Kind …	Zeitraum	trifft voll und ganz zu 4	3	2	trifft noch nicht zu 1	Erläuterungen, Beispielsituationen
4) … kann vorgegebene Körperpositionen nachmachen (z.B. Arme hoch nehmen wie sein Gegenüber).	1	○	○	○	○	
	2	○	○	○	○	
	3	○	○	○	○	
5) … kann Gewichte unterscheiden (z.B. schwer, leicht).	1	○	○	○	○	
	2	○	○	○	○	
	3	○	○	○	○	

Emotional-motivational

Das Kind …	Zeitraum	trifft voll und ganz zu 4	3	2	trifft noch nicht zu 1
1) … hat Freude, sich mitzuteilen (hat z.B. Lust, etwas zu erzählen).	1	○	○	○	○
	2	○	○	○	○
	3	○	○	○	○
2) … erforscht neugierig seine Umwelt (z.B. krabbelnd).	1	○	○	○	○
	2	○	○	○	○
	3	○	○	○	○
3) … vertritt seine Wünsche und Bedürfnisse, widerspricht dabei vielleicht auch mal.	1	○	○	○	○
	2	○	○	○	○
	3	○	○	○	○
4) … ist stolz auf seine Leistungen/Errungenschaften (sucht z.B. Bestätigung durch andere: „Guck mal!“).	1	○	○	○	○
	2	○	○	○	○
	3	○	○	○	○
5) … kann sich auf eine Sache konzentrieren.	1	○	○	○	○
	2	○	○	○	○
	3	○	○	○	○
6) … bleibt auch bei einem Misserfolg zuversichtlich (gibt nicht sofort auf, wenn es z.B. nicht alleine schafft, auf den Kasten zu klettern oder einen Turm zu bauen).	1	○	○	○	○
	2	○	○	○	○
	3	○	○	○	○

Sozial

Das Kind ...	Zeitraum	trifft voll und ganz zu 4	3	2	trifft noch nicht zu 1	Erläuterungen, Beispielsituationen
1) ... löst sich leicht von der Bezugsperson.	1	○	○	○	○	
	2	○	○	○	○	
	3	○	○	○	○	
2) ... ist anderen gegenüber hilfsbereit (teilt z.B. sein Essen, Spielzeug).	1	○	○	○	○	
	2	○	○	○	○	
	3	○	○	○	○	
3) ... beobachtet viel, spielt nebenher und imitiert Spielhandlungen von anderen Kindern. Ist die geschilderte Kompetenz dieses Items bereits erworben oder weiterentwickelt, muss eine „4" angekreuzt werden.	1	○	○	○	○	
	2	○	○	○	○	
	3	○	○	○	○	
4) ... findet Kontakt zu anderen.	1	○	○	○	○	
	2	○	○	○	○	
	3	○	○	○	○	
5) ... kann warten, bis es an der Reihe ist (z.B. im Sitzkreis, wenn jeder einmal die Triangel haben darf).	1	○	○	○	○	
	2	○	○	○	○	
	3	○	○	○	○	
6) ... spielt mit einem anderen Kind mindestens fünf Minuten gemeinsam (z.B. Fangen, Verstecken).	1	○	○	○	○	
	2	○	○	○	○	
	3	○	○	○	○	
7) ... verwendet neben „mein" mindestens noch ein weiteres Pronomen (Fürwort) (z.B. „dein", „euer").	1	○	○	○	○	
	2	○	○	○	○	
	3	○	○	○	○	
8) ... verteidigt sein Eigentum (Besitzkonflikte) (z.B. sagt es „Mein Ball" oder „Nein").	1	○	○	○	○	
	2	○	○	○	○	
	3	○	○	○	○	

Basiskompetenzen

In diesen Bereichen wurde beobachtet:	Daraus folgt für die (Sprach-)Bildung:
Auditiv	
Mundmotorik	
Taktil-kinästhetisch	
Emotional-motivational	
Sozial	

Sprachverständnis

Hinweis: Für Kinder mit Deutsch als Zweitsprache (DaZ) kann für die folgenden Kompetenzen (Seite 93 bis 100) eine qualitative (beschreibende) Auswertung vorgenommen werden, quantitative (rechnerische) Ergebnisse können für Kinder mit DaZ im Ü3-Bogen ermittelt werden.

Das Kind …	Zeitraum	trifft voll und ganz zu 4	3	2	trifft noch nicht zu 1	Erläuterungen, Beispielsituationen
Zusätzliches Item für einjährige Kinder						
1) … kann größere Körperteile zeigen (z.B. Arme, Beine, Kopf; an sich selbst, an Puppen, auf Bildern).	1	○	○	○	○	
	2	○	○	○	○	
	3	○	○	○	○	
Items für alle Kinder						
2) … versteht einfache Worte (z.B. „essen“, „Ball“, „Mama“).	1	○	○	○	○	
	2	○	○	○	○	
	3	○	○	○	○	
3) … versteht kleine Aufforderungen (z.B. „Zeig mir …!, Wo ist …?“, „Nimmst du mal den Teller?“ – dabei auf den Teller zeigen, der vor/neben dem Kind steht).	1	○	○	○	○	
	2	○	○	○	○	
	3	○	○	○	○	
4) … kann kleinere Körperteile zeigen (z.B. Finger, Lippen, Ellenbogen, Knie; an sich selbst, an Puppen, auf Bildern).	1	○	○	○	○	
	2	○	○	○	○	
	3	○	○	○	○	
5) … versteht einfache Geschichten.	1	○	○	○	○	
	2	○	○	○	○	
	3	○	○	○	○	
6) … versteht einfache Präpositionen (Lagebezeichnungen) wie „auf“, „durch“ und „unter“ (z.B. im Spiel mit Stühlen, Tischen, Bänken).	1	○	○	○	○	
	2	○	○	○	○	
	3	○	○	○	○	
7) … versteht schwierigere Präpositionen (Lagebezeichnungen) wie „hinter“, „zwischen“ und „neben“ (z.B. im Spiel mit Stühlen, Tischen, Bänken).	1	○	○	○	○	
	2	○	○	○	○	
	3	○	○	○	○	

In diesem Bereich wurde beobachtet:	Daraus folgt für die Sprachbildung:

Semantisch-lexikalische Kompetenzen (Wortbedeutung, Wortschatz)

Das Kind ...[18]	Zeitraum	trifft voll und ganz zu 4	3	2	trifft noch nicht zu 1	Erläuterungen, Beispielsituationen
Zusätzliches Item für einjährige Kinder						
1) ... ist in der Lage, größere Körperteile zu benennen (z.B. Arme, Beine, Kopf, Bauch).	1	○	○	○	○	
	2	○	○	○	○	
	3	○	○	○	○	
Items für alle Kinder						
2) ... verwendet unterschiedliche Verben (Tätigkeitswörter) (z.B. „hüpfen", „trinken" statt ausschließlich Hilfsverben wie „tun" oder „machen").	1	○	○	○	○	
	2	○	○	○	○	
	3	○	○	○	○	
3) ... benennt erste Farben (z.B. rot, gelb, grün, blau).	1	○	○	○	○	
	2	○	○	○	○	
	3	○	○	○	○	
4) ... gebraucht Mehrwortäußerungen (z.B. „Ali will da hoch", „Mama Arbeit geht").	1	○	○	○	○	
	2	○	○	○	○	
	3	○	○	○	○	
5) ... verwendet Adjektive (Eigenschaftswörter) (z.B. „schnell", „groß", „klein").	1	○	○	○	○	
	2	○	○	○	○	
	3	○	○	○	○	
6) ... ist in der Lage, kleinere Körperteile differenziert (genau) zu benennen (z.B. Finger, Lippen, Ellenbogen, Knie).	1	○	○	○	○	
	2	○	○	○	○	
	3	○	○	○	○	
		> 150	> 50	< 50	< 10	
7) ... spricht ungefähr wie viele Wörter?	1	○	○	○	○	
	2	○	○	○	○	
	3	○	○	○	○	

In diesem Bereich wurde beobachtet:	Daraus folgt für die Sprachbildung:

18 Alle Äußerungen der Kinder im Rahmen der folgenden Items können noch fehlerhaft oder in Kindersprache vorkommen.

Phonetisch-phonologische Kompetenzen (Lautproduktion, Lautwahrnehmung)

Das Kind …	Zeitraum	trifft voll und ganz zu 4	3	2	trifft noch nicht zu 1	Erläuterungen, Beispielsituationen
Zusätzliche Items für einjährige Kinder						
1) … ahmt Laute nach (zunächst überwiegend Vokale, dann Laute, die vorne gebildet werden, wie [m] oder [b]; später folgen hintere Laute wie [g], [r]).	1 2 3	○ ○ ○	○ ○ ○	○ ○ ○	○ ○ ○	
2) … ahmt Laute oder Geräusche von Tieren oder Gegenständen nach (z.B. „miau-miau“, „tick-tack“, „brrr-brrr“).	1 2 3	○ ○ ○	○ ○ ○	○ ○ ○	○ ○ ○	
Items für alle Kinder						
3) … kann alle Vokale ([a], [e], [i], [o], [u]) sowie einfache Laute ([m], [p], [n]) und erste schwierige Laute ([w], [f], [t]) z.B. im Anlaut (am Anfang eines Wortes) bilden (z.B. „Mama“, „Wauwau“).	1 2 3	○ ○ ○	○ ○ ○	○ ○ ○	○ ○ ○	
4) … kann erste Konsonantenverbindungen ([kn], [br], [gr]) im Anlaut bilden (z.B. „Knie“, Brille, „groß“. Komplexere Konsonantenverbindungen wie [str] dürfen noch fehlen).	1 2 3	○ ○ ○	○ ○ ○	○ ○ ○	○ ○ ○	
5) … kann fast alle Laute korrekt bilden (Ausnahmen: [s] wie bei „Sonne“, [sch] wie bei „Schmetterling“, [r] wie bei „rennen“ und [ch1] wie bei „Küche“).	1 2 3	○ ○ ○	○ ○ ○	○ ○ ○	○ ○ ○	
6) … kann einen vorgegebenen Rhythmus mitklatschen (z.B. bei Sing- und Reimspielen).	1 2 3	○ ○ ○	○ ○ ○	○ ○ ○	○ ○ ○	
7) … kann Reimwörter erkennen und ergänzen (z.B. „Morgens früh um sechs, kommt die kleine …?“).	1 2 3	○ ○ ○	○ ○ ○	○ ○ ○	○ ○ ○	

In diesem Bereich wurde beobachtet:	Daraus folgt für die Sprachbildung:

Prosodische Kompetenzen (Betonung, Stimmmelodie)

Das Kind …	Zeitraum	trifft voll und ganz zu 4	3	2	trifft noch nicht zu 1	Erläuterungen, Beispielsituationen
1) … variiert seine Lautstärke bei Äußerungen (wird z.B. laut, wenn es sich durchsetzen oder etwas haben will).	1	○	○	○	○	
	2	○	○	○	○	
	3	○	○	○	○	
2) … kann seine Stimme so modulieren (verändern), dass Emotionen erkennbar sind (z.B. mit aufgeregter, freudiger, weinerlicher oder wütender Stimme sprechen).	1	○	○	○	○	
	2	○	○	○	○	
	3	○	○	○	○	
3) … verändert seine Satzmelodie (hebt z.B. die Stimme am Ende einer Frage oder einer Bitte).	1	○	○	○	○	
	2	○	○	○	○	
	3	○	○	○	○	
4) … kann sich situationsangemessen leise oder laut verhalten (z.B. flüstern beim Etwas-ins-Ohr-sagen, laut rufen, brüllen).	1	○	○	○	○	
	2	○	○	○	○	
	3	○	○	○	○	

Zusätzlich beobachten

	Zeitraum	Ja	Nein
5) … ist häufig heiser.	1	○	○
	2	○	○
	3	○	○

In diesem Bereich wurde beobachtet:	Daraus folgt für die Sprachbildung:

Morphologisch-syntaktische Kompetenzen (Wortbildung, Satzbau)

Das Kind ...[19]	Zeitraum	trifft voll und ganz zu 4	3	2	trifft noch nicht zu 1	Erläuterungen, Beispielsituationen
1) ... verwendet Zweiwortsätze (z.B. „Auto kaputt“, „Melike trinken“, „Turm groß“). Ist die geschilderte Kompetenz dieses Items bereits erworben oder weiterentwickelt, muss im Falle einer quantitativen Auswertung eine „4“ angekreuzt werden.	1 2 3					
2) ... stellt W-Fragen und ist interessiert an der Antwort (z.B. „Was?“, „Warum?“, „Wo?“).	1 2 3					
3) ... verwendet einfache Präpositionen wie „auf“, „durch“, „unter“ korrekt (z.B. im Spiel mit Stühlen, Tischen, Bänken).	1 2 3					
4) ... verwendet erste Pluralformen (Mehrzahlformen) überwiegend mit den Endungen „-s“ und „-en“ (z.B. „Auto – Autos“, „Farbe – Farben“), aber auch inkorrekte Übertragungen (z.B. „Ball – Ballen“, „Gabel – Gabels“, „Vogel – Vogels“) können noch gebildet werden.	1 2 3					
5) ... stellt im Hauptsatz das Verb (Tätigkeitswort) an die zweite Stelle (Satzbauregel im Deutschen) (z.B. „Iwan rutscht runter“, „Ceylan malt ein Bild“; „Marie klettert Baum“ wäre auch richtig).	1 2 3					
6) ... hat die Subjekt-Verb-Kongruenz (Person-Tätigkeitswort-Zuordnung) erworben, insbesondere „st“ in der 2. Person (Du) (z.B. „Du trinkst (Milch)“, „Du gehst (raus)“).	1 2 3					
7) ... bildet Formen der Vergangenheit, die auch noch inkorrekt sein können (z.B. „Ich aufgeesst“).	1 2 3					
8) ... kann auf Warum-Fragen antworten (Kausalsätze bilden) (z.B. sagt die Erzieherin: „Warum ziehen wir Gummistiefel an?“ Kind: „Weil es draußen regnet.“).	1 2 3					

In diesem Bereich wurde beobachtet:	Daraus folgt für die Sprachbildung:

19 In dieser Skala sind die meisten Items nicht bereits zur Beobachtung einjähriger Kinder geeignet.

Pragmatische Kompetenzen (Kommunikation, Dialog, nonverbale Kompetenzen)

Das Kind …	Zeitraum	trifft voll und ganz zu 4	3	2	trifft noch nicht zu 1	Erläuterungen, Beispielsituationen
Zusätzliche Items für einjährige Kinder						
1) … kann Blickkontakt aufnehmen und halten.	1 2 3	○ ○ ○	○ ○ ○	○ ○ ○	○ ○ ○	
2) … zeigt auf Dinge/Gegenstände, um von seinem Gegenüber zu erfahren, wie sie heißen (z.B. beim Bilderbuchbetrachten, durch Deuten auf Autos, Hochhalten von Gegenständen).	1 2 3	○ ○ ○	○ ○ ○	○ ○ ○	○ ○ ○	
3) … kann seinen eigenen Willen durch Neinsagen äußern (schüttelt z.B. abwehrend mit dem Kopf oder sagt „Nein!“).	1 2 3	○ ○ ○	○ ○ ○	○ ○ ○	○ ○ ○	
Items für alle Kinder						
4) … erkundigt sich nach fehlenden Dingen oder einer abwesenden Person (z.B. „Wo ist das blaue Buch?“, „Wo ist Mia?“, „Ball?“).	1 2 3	○ ○ ○	○ ○ ○	○ ○ ○	○ ○ ○	
5) … setzt Gestik und Mimik bewusst zur Unterstützung seiner Sprache ein (lächelt z.B., wenn es etwas erzählt, an dem es Freude hat; benutzt bei Aufzählungen die Finger; verschränkt die Arme oder schaut böse, wenn es etwas erzählt, das es ärgert).	1 2 3	○ ○ ○	○ ○ ○	○ ○ ○	○ ○ ○	
6) … besitzt die Fähigkeit zum Sprecherwechsel (kann z.B. Gespräche beginnen und aufrechterhalten; weiß, wann sein Gesprächspartner an der Reihe ist).	1 2 3	○ ○ ○	○ ○ ○	○ ○ ○	○ ○ ○	
7) … berichtet von sich aus über Erlebnisse und erzählt kleine Geschichten vor mehreren Personen (z.B. im Sitzkreis).	1 2 3	○ ○ ○	○ ○ ○	○ ○ ○	○ ○ ○	
8) … redet von sich in der Ich-Form anstelle der 3. Person (z.B. fragt die Erzieherin: „Wer will rutschen?“ Kind: „Ich will rutschen“ – anstatt: „Leila will rutschen.“).	1 2 3	○ ○ ○	○ ○ ○	○ ○ ○	○ ○ ○	

Pragmatische Kompetenzen (Kommunikation, Dialog, nonverbale Kompetenzen)

Das Kind …	Zeitraum	Ja	Nein	Erläuterungen, Beispielsituationen
Zusätzlich beobachten				
9) … kommuniziert vorwiegend mit Kindern gleicher Erstsprache.	1	○	○	
	2	○	○	
	3	○	○	

In diesem Bereich wurde beobachtet:	Daraus folgt für die Sprachbildung:

Literacy

Das Kind …	Zeitraum	trifft voll und ganz zu 4	3	2	trifft noch nicht zu 1	Erläuterungen, Beispielsituationen
1) … nimmt von sich aus ein Buch und beschäftigt sich damit.	1	○	○	○	○	
	2	○	○	○	○	
	3	○	○	○	○	
2) … betrachtet Bilderbücher funktional, das aktive Tun (z.B. Blättern) steht im Vordergrund (das Kind schaut sich die Bilder an, begreift jedoch die Geschichte nicht als Ganzes). Ist die geschilderte Kompetenz dieses Items bereits erworben oder weiterentwickelt, muss im Falle einer quantitativen Auswertung eine „4" angekreuzt werden.	1	○	○	○	○	
	2	○	○	○	○	
	3	○	○	○	○	
3) … setzt sich inhaltlich mit dem Bilderbuch auseinander: Das Bild selbst steht im Vordergrund (das Kind zeigt auf Einzelheiten, stellt Zusammenhänge her).	1	○	○	○	○	
	2	○	○	○	○	
	3	○	○	○	○	
4) … tut so, als könnte es schreiben (reiht z.B. Kringel aneinander).	1	○	○	○	○	
	2	○	○	○	○	
	3	○	○	○	○	
5) … erkennt Symbole und Piktogramme (Bilder und Zeichen, z.B. für Toiletten oder Apotheke) im Alltag wieder und weiß, was sie bedeuten.	1	○	○	○	○	
	2	○	○	○	○	
	3	○	○	○	○	
6) … kann ein Bild aus einem Bilderbuch als Erzählanlass nutzen.	1	○	○	○	○	
	2	○	○	○	○	
	3	○	○	○	○	

In diesem Bereich wurde beobachtet:	Daraus folgt für die Sprachbildung:

Kurzbeschreibung der quantitativen (rechnerischen) Auswertung (ausführlich in Kapitel 5.2.3)

Schritt 1: Übertragen Sie die gesetzten Kreuze in die jeweilige Tabellenzeile und ziehen Sie diese zum Summenrohwert zusammen.

Schritt 2: Suchen Sie den zu Ihrem Summenwert passenden T-Wert aus den Normtabellen (siehe Seite 73 bis 82) heraus. Beachten Sie dabei, welche Tabelle Sie verwenden.

Schritt 3: Übertragen Sie die T-Werte in das Sprachprofil (siehe Seite 103).

Auswertungsschablone: *BaSiK*-U3-Version

Name des Kindes: ____________________

Summenwerte für zwei- und dreijährige Kinder

Sprachverständnis	Items	Summe Rohwert	T-Wert
1. Zeitpunkt	2: ___ , 3: ___ , 4: ___ , 5: ___ , 6: ___ , 7: ___		
2. Zeitpunkt	2: ___ , 3: ___ , 4: ___ , 5: ___ , 6: ___ , 7: ___		
3. Zeitpunkt	2: ___ , 3: ___ , 4: ___ , 5: ___ , 6: ___ , 7: ___		

Semantisch-lexikalische Kompetenzen	Items	Summe Rohwert	T-Wert
1. Zeitpunkt	2: ___ , 3: ___ , 4: ___ , 5: ___ , 6: ___ , 7: ___		
2. Zeitpunkt	2: ___ , 3: ___ , 4: ___ , 5: ___ , 6: ___ , 7: ___		
3. Zeitpunkt	2: ___ , 3: ___ , 4: ___ , 5: ___ , 6: ___ , 7: ___		

Phonetisch-phonologische Kompetenzen	Items	Summe Rohwert	T-Wert
1. Zeitpunkt	3: ___ , 4: ___ , 5: ___ , 6: ___ , 7: ___		
2. Zeitpunkt	3: ___ , 4: ___ , 5: ___ , 6: ___ , 7: ___		
3. Zeitpunkt	3: ___ , 4: ___ , 5: ___ , 6: ___ , 7: ___		

Auswertungsschablone: *BaSiK*-U3-Version

Summenwerte für zwei- und dreijährige Kinder

Prosodische Kompetenzen	Items	Summe Rohwert	T-Wert
1. Zeitpunkt	1: ___ , 2: ___ , 3: ___ , 4: ___		
2. Zeitpunkt	1: ___ , 2: ___ , 3: ___ , 4: ___		
3. Zeitpunkt	1: ___ , 2: ___ , 3: ___ , 4: ___		

Morphologisch-syntaktische Kompetenzen	Items	Summe Rohwert	T-Wert
1. Zeitpunkt	1: ___ , 2: ___ , 3: ___ , 4: ___ , 5: ___ , 6: ___ , 7: ___ , 8: ___		
2. Zeitpunkt	1: ___ , 2: ___ , 3: ___ , 4: ___ , 5: ___ , 6: ___ , 7: ___ , 8: ___		
3. Zeitpunkt	1: ___ , 2: ___ , 3: ___ , 4: ___ , 5: ___ , 6: ___ , 7: ___ , 8: ___		

Pragmatische Kompetenzen	Items	Summe Rohwert	T-Wert
1. Zeitpunkt	4: ___ , 5: ___ , 6: ___ , 7: ___ , 8: ___		
2. Zeitpunkt	4: ___ , 5: ___ , 6: ___ , 7: ___ , 8: ___		
3. Zeitpunkt	4: ___ , 5: ___ , 6: ___ , 7: ___ , 8: ___		

Literacy	Items	Summe Rohwert	T-Wert
1. Zeitpunkt	1: ___ , 2: ___ , 3: ___ , 4: ___ , 5: ___ , 6: ___		
2. Zeitpunkt	1: ___ , 2: ___ , 3: ___ , 4: ___ , 5: ___ , 6: ___		
3. Zeitpunkt	1: ___ , 2: ___ , 3: ___ , 4: ___ , 5: ___ , 6: ___		

Sprachprofil *BaSiK*-U3-Version

Name des Kindes: ____________________

Zeitpunkt der Beobachtung: ☐ 1. Zeitpunkt ☐ 2. Zeitpunkt ☐ 3. Zeitpunkt (durch unterschiedliche Farben kenntlich machen)

DaM: Das Kind hat die deutsche Sprache im Alter bis 23 Monate erworben. **DaZ:** Das Kind hat die deutsche Sprache im Alter ab 24 bis 83 Monaten erworben.

Kompetenz	**T-Werte (Prozentränge)**					
	<29 (<2%)	30–39 (<16%)	40–49 (<50%)	50–59 (<84%)	60–69 (<97%)	70> (<100%)
	Unterdurchschnittlich entwickelte Sprachkompetenz (zusätzliche Unterstützung erwägen)		Durchschnittlich entwickelte Sprachkompetenz		Überdurchschnittlich bis sehr gut entwickelte Sprachkompetenz	
Sprachverständnis						
Semantik/Lexikon						
Phonetik/Phonologie						
Prosodie						
Morphologie/Syntax						
Pragmatik						
Literacy						

Protokollbögen
BaSiK-Ü3-Version

BaSiK auf einen Blick:

Hinweise für die praktische Anwendung im Alltag

1. Was bedeutet „entwicklungs- und prozessbegleitende Beobachtung und Dokumentation"?

Bei ***BaSiK*** erfolgt die Beobachtung zur Überprüfung von Sprachkompetenzen nicht einmalig und punktuell, sondern „begleitend" im pädagogischen Alltag mit dem Ziel, den Sprachentwicklungsverlauf eines Kindes kontinuierlich zu dokumentieren. Daher sind pro Item (= Beobachtungsaufgabe) jeweils drei Zeilen zum Ankreuzen (Zeitraum: 1, 2, 3) vorgegeben, die drei aufeinanderfolgende Zeitpunkte der Beobachtung und Dokumentation markieren. Durch das Sprachprofil, welches am Ende der Auswertung auszufüllen ist, kann so der individuelle Sprachentwicklungsverlauf eines Kindes in unterschiedlichen Kompetenzbereichen dargestellt werden (siehe Kapitel 5).

2. Welcher Beobachtungszeitraum ist vorgesehen und wie oft muss ich mit *BaSiK* beobachten?

Die Dauer der Protokollierung beträgt circa **20 bis 40 Minuten** pro Kind, je nachdem, wie umfangreich dokumentiert wird. Beim Ausfüllen der Protokollbögen ist darauf zu achten, die Items **weder aufgrund einer globalen Einschätzung noch durch die Beobachtung einer einzelnen Situation zu bewerten. Vielmehr sollte der Zeitraum der letzten vier Wochen mit unterschiedlichen Beobachtungssituationen als Grundlage der Dokumentation dienen.** Dabei wird empfohlen, während der Beobachtung Beispielsituationen zu notieren (siehe Kapitel 5.2). Um den Sprachentwicklungsprozess anhand von ***BaSiK*** begleiten und unterstützen zu können, sollte einmal jährlich beobachtet und dokumentiert werden. In besonderen Fällen (z.B., wenn Auffälligkeiten in der Sprachentwicklung erkannt wurden) ist eine mindestens halbjährliche Beobachtung ratsam.

3. Welche Kinder beobachte ich mit der *BaSiK*-Ü3-Version?

Für die Beobachtung und Dokumentation der Sprachentwicklung von Kindern im Alter von 3;0 bis 6;11 Jahren steht der ***BaSiK***-Ü3-Protokollbogen zur Verfügung.
Kinder im Alter von 3;0 bis 3;5 Jahren können sowohl mit dem ***BaSiK***-Ü3-Protokollbogen als auch mit dem ***BaSiK***-U3-Protokollbogen (Version für Kinder im Alter von 1;0 bis 3;5 Jahren) ressourcenorientiert beobachtet werden. Diese Überschneidung der Altersbereiche wurde bewusst gewählt, da die sprachliche Entwicklung individu-

4. Enthält *BaSiK* Marker und Orientierungspunkte?

BaSiK enthält sowohl Marker für die kindliche Sprachentwicklung als auch verschiedene Orientierungspunkte, die bedeutsam für die Sprachentwicklung sind. Sie finden sich in den unterschiedlichen Sprachskalen (Semantik/Lexikon, Phonetik/Phonologie und Morphologie/Syntax). Weitere Informationen über die Marker und Orientierungspunkte sowie Hinweise zum Umgang mit ihnen erhalten Sie in Kapitel 4.2.3.

5. Was muss ich beachten, wenn ich mehrsprachige und entwicklungsverzögerte Kinder mit *BaSiK* beobachte?

In ***BaSiK*** wird aufgrund theoretischer und statistischer Analysen zwischen Kindern mit DaM (Deutsch als Muttersprache) und Kindern mit DaZ (Deutsch als Zweitsprache) unterschieden. Kinder, die die deutsche Sprache monolingual erwerben, und Kinder mit doppeltem Erstspracherwerb zählen hierbei zu den Kindern mit DaM, während Kinder mit sukzessivem Erwerb (ab 2;0 Jahre) als Kinder mit DaZ definiert werden. Für weitere Informationen wird auf die Kapitel 2.5, 4.2.4 und 7.1 verwiesen. Grundsätzlich gilt: Je nachdem, welcher Protokollbogen genauere Informationen über die sprachliche Entwicklung eines Kindes liefert, können die vorgegebenen Altersgrenzen vernachlässigt werden. Wenn zum Beispiel ein vierjähriges Kind erst seit einem Jahr mit der deutschen Sprache in Kontakt ist, empfiehlt es sich gegebenenfalls – trotz seines Alters –; den Protokollbogen ***BaSiK***-U3 zu verwenden. Ebenso verhält es sich mit entwicklungsverzögerten Kindern; bei ihnen ist der entwicklungsentsprechende und nicht der altersentsprechende Bogen zu wählen.

6. Was kreuze ich an, wenn ich eine Fähigkeit nur zu einem gewissen Zeitpunkt im Spracherwerb beobachten kann (z.B. Zweiwortsätze)?

In ***BaSiK*** wurde eine Beobachtungsskala von „1" (trifft noch nicht zu) bis „4" (trifft voll und ganz zu) gewählt. Manche Items erscheinen ab einem bestimmten Zeitpunkt wenig informativ, da die Kinder die geschilderte Kompetenz längst erworben bzw. schon weiterentwickelt haben (z.B. „Das Kind spricht in Zweiwortsätzen"). Für den Fall, dass eine quantitative Auswertung erfolgen soll (siehe „Auswertungsschablone"), ist bei diesen Items eine „4" anzukreuzen. Ansonsten kann statt des Ankreuzens auch eine Notiz in dem freien Bereich für „Erläuterungen/Beispielsituationen" eingetragen werden.

7. Warum gibt es Fragen, die nur mit „Ja / Nein" beantwortet werden können?

Die Items, die mit „Ja" oder „Nein" beantwortet werden können, dienen der Sensibilisierung und liefern wichtige Hintergrundinformationen, die gegebenenfalls auch über die Eltern erfragt werden sollten. Liegen Auffälligkeiten in diesen Items vor, sollten im Rahmen der qualitativen Auswertung die Eltern verständigt und ihnen eventuell nahegelegt werden, sich weitere Informationen einzuholen bzw. andere Professionen (z.B. den Kinderarzt) zu kontaktieren (siehe Kapitel 5.1).

8. Wie werte ich *BaSiK* aus?

Für die Auswertung von ***BaSiK*** gibt es zwei Möglichkeiten:

- **Die qualitativ orientierte Auswertung:** Hierbei steht der individuelle Erkenntnisgewinn für die spätere Sprachbildung im Vordergrund. Die einzelnen Beobachtungsitems werden genau analysiert, wobei insbesondere den Erläuterungen und Beispielsituationen in der rechten Spalte eine hohe Bedeutung zukommt. Damit werden die sprachlich-kommunikativen Ressourcen eines Kindes erkannt, aber auch mögliche Schwierigkeiten aufgedeckt, die es zu bewältigen gilt (siehe Kapitel 5.2.1). Aufbauend darauf können Situationen abgeleitet werden, die natürliche Sprachanlässe des pädagogischen Alltags aufgreifen und direkt auf das betreffende Kind zugeschnitten sind. Hierfür werden in der Tabelle 17 (siehe Kapitel 8.2) exemplarisch Bezüge zwischen Items und Sprachbildungssituationen hergestellt (siehe Kapitel 5.2.2).
- **Die quantitative Auswertung:** Im Vordergrund steht bei dieser Art der Auswertung die Erstellung eines Sprachprofils, welches Aufschluss darüber gibt, wo sich das Kind – im Vergleich zu vorangegangenen Beobachtungszeiträumen und zu gleichaltrigen Kindern mit ähnlichem Erwerbsbeginn der deutschen Sprache – in seiner Sprachentwicklung befindet. Hierzu werden mithilfe der angekreuzten Zahlen die Summenwerte der entsprechenden Skalen gebildet. Dabei ist bei der ***BaSiK***-Ü3-Version zu beachten, dass die Summenwerte **je nach Alter des Erwerbsbeginns der deutschen Sprache** unterschiedlich gebildet werden. Für die Bildung des Summenwerts werden auf der Auswertungsschablone die Items, die den jeweiligen „richtigen" Summenwert ergeben, eingetragen. In einem weiteren Schritt werden die zu den jeweiligen Summenwerten zugehörigen Norm- bzw. Orientierungswerte aus den im Anhang zur Verfügung stehenden Tabellen ausgewählt (siehe Kapitel 5.2.3). Abschließend können die T-Werte der jeweiligen Skalen in das Sprachprofil, welches sich am Ende des Protokollbogens befindet, eingetragen werden. Es wird empfohlen, alle Dokumentationszeiträume mit unterschiedlichen Farben einzutragen, sodass der individuelle Sprachentwicklungsverlauf direkt ersichtlich ist (siehe Kapitel 5.2.4).

9. Umgang mit Sprachbildungssituationen

Da im Rahmen alltagsintegrierter Sprachbildung keine vorgegebenen Materialien oder Zeitpläne existieren, soll anhand verschiedener Situationen des pädagogischen Alltags veranschaulicht werden, wie die Sprachentwicklung der Kinder alltagsintegriert unterstützt werden kann. Es handelt sich hierbei zum einen um konkrete Spielideen und Vorschläge, die der pädagogischen Fachkraft als Anregung für die praktische Arbeit dienen. Zum anderen werden ausgewählte Alltagssituationen beschrieben, und anhand dieser wird exemplarisch aufgezeigt, welche Sprachanlässe die unterschiedlichen Alltagsthemen bieten und wie dieses sprachliche Potenzial von der pädagogischen Fachkraft genutzt werden kann. Die Themenauswahl und die jeweils darunter zu findende Zuordnung der exemplarischen Sprachbildungssituationen sind hierbei als eine Einteilungsmöglichkeit anzusehen. Die Auswahl erhebt keinen Anspruch auf Vollständigkeit. Es sind selbstverständlich weitere Themenbereiche und Einteilungen denkbar und im pädagogischen Alltag allgegenwärtig (siehe Kapitel 8.2).

Fragen zum Kind

Persönliche Angaben zum Kind

Vorname: ______________________

Name der Einrichtung: ______________________

Nachname: ______________________

Durchgeführt von: ______________________

Geschlecht: ◯ weiblich ◯ männlich

Beobachtungszeitraum	1. ______	2. ______	3. ______
Alter des Kindes			

	Jahr	Monat	Tag
Geburtsdatum			

Eintritt in die Kita mit ______ ; ______ (Angabe in Jahren; Monaten)

Wie viele Geschwister hat das Kind und welche Reihung liegt vor? (Ist das Kind z.B. das Zweite von drei Kindern, das Jüngste von vier Kindern ...)

____

Erhält das Kind Unterstützung im Bereich Sprache und Kommunikation?

◯ Sprachtherapie/Logopädie ◯ Frühförderung seit: ______ Monaten ◯ Nein

Befindet sich das Kind in einer anderen therapeutischen Behandlung?

◯ Ja, welche: ______________________ seit: ______ Monaten ◯ Nein

Liegt eine Entwicklungsverzögerung oder Behinderung vor? ◯ Ja, welche: ______________________ ◯ Nein

Saugt das Kind noch regelmäßig, d.h. täglich, am Schnuller oder Daumen? ◯ Ja ◯ Nein

Angaben zum Erst- und Zweitspracherwerb

Welche Erstsprache hat das Kind erlernt?

○ Deutsch ○ Türkisch ○ Russisch ○ Italienisch ○ Arabisch ○ Andere: ____________

Beherrscht das Kind seine Erstsprache seinem Alter angemessen (laut Aussage seiner Bezugspersonen)? ____________

Wenn das Kind mehrsprachig aufwächst, bevorzugt es eine Sprache? ○ Ja, welche: ____________ ○ Nein

Welche Sprachen werden in dem familiären Umfeld/von den engeren Bezugspersonen des Kindes gesprochen?

Mutter: ____________ Vater: ____________ Geschwister: ____________ Großeltern: ____________

____________ : ____________
(Andere Bezugsperson)

In welchem Alter hatte das Kind zum ersten Mal intensiven Kontakt mit der deutschen Sprache (z.B. durch Eintritt in eine Kindertageseinrichtung)?

○ 0–24 Monate
Kind mit Deutsch als Erstsprache (unabhängig davon, welche anderen Erstsprachen es womöglich zuerst erwirbt)

○ Ab 25 Monate
Kind mit Deutsch als Zweitsprache

Weitere Informationen zur Entscheidung über Erst- oder Zweitsprache finden sich in Kapitel 2.5.

Notizen

Basiskompetenzen

Hinweis: Die Basiskompetenzen (Seite 110 bis 113) können qualitativ (beschreibend) ausgewertet werden. Eine quantitative (rechnerische) Auswertung kann nicht vorgenommen werden.

Auditiv

Das Kind …	Zeitraum	trifft voll und ganz zu 4	3	2	trifft noch nicht zu 1	Erläuterungen, Beispielsituationen
1) … kann Geräusche erkennen und sie bestimmten Gegenständen zuordnen (z. B. Telefon, Türklingel).	1	○	○	○	○	
	2	○	○	○	○	
	3	○	○	○	○	
2) … kann ein Geräusch lokalisieren/hören, aus welcher Richtung es kommt (z.B. schaut zur Tür, wenn geklopft wird).	1	○	○	○	○	
	2	○	○	○	○	
	3	○	○	○	○	
3) … kann auch mit geschlossenen Augen Geräusche erkennen.	1	○	○	○	○	
	2	○	○	○	○	
	3	○	○	○	○	
4) … kann sich anhaltend auf Gehörtes konzentrieren (z.B. einem Reim oder einer Geschichte folgen, ohne dabei schnell abgelenkt zu sein).	1	○	○	○	○	
	2	○	○	○	○	
	3	○	○	○	○	
5) … kann eine bestimmte Geräuschquelle aus Nebengeräuschen heraushören (hört z.B. ein Signal, welches das Ende eines Spiels einläutet).	1	○	○	○	○	
	2	○	○	○	○	
	3	○	○	○	○	

	Zeitraum	Ja	Nein
6) … hat/hatte in den vergangenen sechs Monaten eine Erkältung oder Infektion, die möglicherweise sein Hörvermögen vermindert(e).	1	○	○
	2	○	○
	3	○	○
7) … hat eine diagnostizierte Hörstörung.	1	○	○
	2	○	○
	3	○	○

Mundmotorik

Das Kind …	Zeitraum	Ja	Nein
1) … kaut mühelos feste Nahrung (z.B. Apfel, Möhre, Brot mit Rinde).	1	○	○
	2	○	○
	3	○	○
2) … kann an einem Trinkhalm saugen bzw. damit trinken.	1	○	○
	2	○	○
	3	○	○

Mundmotorik

Das Kind …	Zeitraum	Ja	Nein	Erläuterungen, Beispielsituationen
3) … kann durch die Nase atmen bzw. hat einen intakten Mundschluss (schließt den Mund, wenn es isst oder nicht spricht).	1	○	○	
	2	○	○	
	3	○	○	
4) … kann seine Zunge in Richtung Nase, Kinn und Ohren bewegen.	1	○	○	
	2	○	○	
	3	○	○	
5) … kann mithilfe der Mundmotorik Grimassen schneiden (z.B. Lippen spitzen, Zunge rausstrecken, Nase rümpfen, Mundwinkel nach oben ziehen).	1	○	○	
	2	○	○	
	3	○	○	
6) … verschluckt sich häufig beim Essen und/oder Trinken.	1	○	○	
	2	○	○	
	3	○	○	
7) … hat gepflegte Zähne.	1	○	○	
	2	○	○	
	3	○	○	
8) … hat einen ungewöhnlich starken Speichelfluss.	1	○	○	
	2	○	○	
	3	○	○	

Taktil-kinästhetisch

Das Kind …	Zeitraum	trifft voll und ganz zu 4	3	2	trifft noch nicht zu 1	
1) … kann Berührungen am eigenen Körper lokalisieren und benennen (merkt z.B., dass es am Fuß berührt wird).	1	○	○	○	○	
	2	○	○	○	○	
	3	○	○	○	○	
2) … kann Oberflächen unterscheiden und benennen (z.B. rau, glatt).	1	○	○	○	○	
	2	○	○	○	○	
	3	○	○	○	○	
3) … kann Gewichte unterscheiden und benennen (z.B. schwer, leicht).	1	○	○	○	○	
	2	○	○	○	○	
	3	○	○	○	○	

Taktil-kinästhetisch

Das Kind …	Zeitraum	trifft voll und ganz zu 4	3	2	trifft noch nicht zu 1	Erläuterungen, Beispielsituationen
4) … kann die eigene Bewegung Hindernissen anpassen (z.B. sich klein machen beim Hindurchwinden).	1	○	○	○	○	
	2	○	○	○	○	
	3	○	○	○	○	
5) … kann vorgegebene Positionen einnehmen oder nachahmen (z.B. Spiel „Spiegelbild“).	1	○	○	○	○	
	2	○	○	○	○	
	3	○	○	○	○	
6) … kann seine Körperkraft dosiert einsetzen (z.B. beim Fangenspielen „anstupsen“ von „hauen“ unterscheiden).	1	○	○	○	○	
	2	○	○	○	○	
	3	○	○	○	○	

Emotional-motivational

Das Kind …	Zeitraum	trifft voll und ganz zu 4	3	2	trifft noch nicht zu 1
1) … hat Freude, sich mitzuteilen (hat z.B. Lust, etwas zu erzählen).	1	○	○	○	○
	2	○	○	○	○
	3	○	○	○	○
2) … traut sich auch schwierige/neue Aufgaben zu.	1	○	○	○	○
	2	○	○	○	○
	3	○	○	○	○
3) … bleibt auch bei einem Misserfolg zuversichtlich (gibt nicht sofort auf, wenn es es z.B. nicht alleine schafft, auf den Kasten zu klettern oder einen Turm zu bauen).	1	○	○	○	○
	2	○	○	○	○
	3	○	○	○	○
4) … bleibt standhaft, lässt sich von anderen Kindern nicht unter Druck setzen (vertritt z.B. eine Meinung, die andere nicht teilen).	1	○	○	○	○
	2	○	○	○	○
	3	○	○	○	○
5) … bearbeitet Aufgaben selbstständig (dabei können auch noch kleine Fehler unterlaufen).	1	○	○	○	○
	2	○	○	○	○
	3	○	○	○	○
6) … kann bei Bedarf um Hilfe bitten (Erwachsene oder andere Kinder).	1	○	○	○	○
	2	○	○	○	○
	3	○	○	○	○
7) … kann sich in die Situation anderer hineinversetzen, handelt empathisch (mitfühlend).	1	○	○	○	○
	2	○	○	○	○
	3	○	○	○	○

Emotional-motivational

Das Kind …	Zeitraum	trifft voll und ganz zu 4	3	2	trifft noch nicht zu 1	Erläuterungen, Beispielsituationen
8) … kann sich eine Zeit lang alleine beschäftigen.	1	○	○	○	○	
	2	○	○	○	○	
	3	○	○	○	○	

Sozial

Das Kind …	Zeitraum	trifft voll und ganz zu 4	3	2	trifft noch nicht zu 1	
1) … löst sich leicht von der Bezugsperson.	1	○	○	○	○	
	2	○	○	○	○	
	3	○	○	○	○	
2) … kann warten, bis es an der Reihe ist (z.B. in Gruppengesprächen).	1	○	○	○	○	
	2	○	○	○	○	
	3	○	○	○	○	
3) … versucht, Konflikte mit anderen Kindern ohne Handgreiflichkeiten zu lösen.	1	○	○	○	○	
	2	○	○	○	○	
	3	○	○	○	○	
4) … ist anderen gegenüber hilfsbereit (teilt z.B. sein Essen, Spielzeug).	1	○	○	○	○	
	2	○	○	○	○	
	3	○	○	○	○	
5) … spielt mit einem anderen Kind mindestens fünf Minuten gemeinsam (z.B. Fangen, Verstecken).	1	○	○	○	○	
	2	○	○	○	○	
	3	○	○	○	○	
6) … findet Kontakt zu anderen.	1	○	○	○	○	
	2	○	○	○	○	
	3	○	○	○	○	
7) … verwendet neben „mein“ mindestens noch ein weiteres Pronomen (Fürwort) (z.B. „dein“ oder „euer“).	1	○	○	○	○	
	2	○	○	○	○	
	3	○	○	○	○	

Basiskompetenzen

In diesen Bereichen wurde beobachtet:	Daraus folgt für die (Sprach-)Bildung:
Auditiv	
Mundmotorik	
Taktil-kinästhetisch	
Emotional-motivational	
Sozial	

Sprachverständnis

Hinweis: Soll bei den folgenden Kompetenzen (Seite 115 bis 123) eine quantitative (rechnerische) Auswertung erfolgen, können die Seiten 124 bis 126 unterstützend genutzt werden.

Das Kind …	Zeitraum	trifft voll und ganz zu 4	3	2	trifft noch nicht zu 1	Erläuterungen, Beispielsituationen
Zusätzliche Items für Kinder mit DaZ						
1) … kann kleinere Körperteile zeigen (z.B. Finger, Lippen, Ellenbogen, Kinn; an sich selbst, an Puppen, auf Bildern).	1	○	○	○	○	
	2	○	○	○	○	
	3	○	○	○	○	
2) … versteht situationsgebundene komplexe Aufforderungen (bestehend aus drei Komponenten) und setzt sie um (z.B. vor einem Ausflug: „Hol dir bitte die Jacke, zieh sie an und geh dann raus“).	1	○	○	○	○	
	2	○	○	○	○	
	3	○	○	○	○	
Items für alle Kinder						
3) … versteht situationsungebundene (nicht über die Umgebung ersichtliche) komplexe Aufforderungen und setzt sie um.	1	○	○	○	○	
	2	○	○	○	○	
	3	○	○	○	○	
4) … versteht schwierigere Präpositionen (Lagebezeichnungen) wie „hinter“, „zwischen“ und „neben“ (z.B. im Spiel mit Stühlen, Tischen, Bänken).	1	○	○	○	○	
	2	○	○	○	○	
	3	○	○	○	○	
5) … versteht Zeitangaben (z.B. „gestern“, „heute“, „morgen“).	1	○	○	○	○	
	2	○	○	○	○	
	3	○	○	○	○	
6) … versteht den Kasus (Fall) von Substantiven (Nomen) (z.B. „Der kleine Bruder schiebt den großen Bruder“).	1	○	○	○	○	
	2	○	○	○	○	
	3	○	○	○	○	
7) … versteht Zusammenhänge (z.B. „Wenn es schneit, ist es kalt“; „Mit deinen Augen kannst du sehen … Was kannst du mit deiner Nase?“).	1	○	○	○	○	
	2	○	○	○	○	
	3	○	○	○	○	

In diesem Bereich wurde beobachtet:	Daraus folgt für die Sprachbildung:

Semantisch-lexikalische Kompetenzen (Wortbedeutung, Wortschatz)

Das Kind …	Zeitraum	trifft voll und ganz zu 4	3	2	trifft noch nicht zu 1	Erläuterungen, Beispielsituationen
Zusätzliche Items für Kinder mit DaZ						
1) … verwendet unterschiedliche Verben (Tätigkeitswörter) (z.B. „hüpfen", „trinken" statt ausschließlich Hilfsverben wie „tun" oder „machen").	1	○	○	○	○	
	2	○	○	○	○	
	3	○	○	○	○	
2) … verwendet Adjektive (Eigenschaftswörter) (z.B. „schnell", „groß", „klein").	1	○	○	○	○	
	2	○	○	○	○	
	3	○	○	○	○	
3) … benennt neben den Farben rot/gelb/grün/blau/weiß/schwarz noch mindestens zwei weitere korrekt (z.B. „orange", „lila", „pink", „braun").	1	○	○	○	○	
	2	○	○	○	○	
	3	○	○	○	○	
Items für alle Kinder						
4) … kann Gegensätze verstehen und verwenden (z.B. „schnell und langsam", „hoch und tief", „groß und klein", „dunkel und hell").	1	○	○	○	○	
	2	○	○	○	○	
	3	○	○	○	○	
5) … ist in der Lage, kleinere Körperteile differenziert (genau) zu benennen (z.B. „Finger", „Lippen", „Ellenbogen", „Knie").	1	○	○	○	○	
	2	○	○	○	○	
	3	○	○	○	○	
6) … kann Begriffskategorien bilden (z.B. „Obst") und kennt passende Unterbegriffe (z.B. „Apfel", „Banane").	1	○	○	○	○	
	2	○	○	○	○	
	3	○	○	○	○	
7) … erklärt die Bedeutung von Wörtern mit konkreten Merkmalen und Beispielen (z.B. „Nacht ist, wenn ich schlafe").	1	○	○	○	○	
	2	○	○	○	○	
	3	○	○	○	○	

In diesem Bereich wurde beobachtet:	Daraus folgt für die Sprachbildung:

Phonetisch-phonologische Kompetenzen (Lautproduktion, Lautwahrnehmung)

Das Kind …	Zeitraum	4 trifft voll und ganz zu	3	2	1 trifft noch nicht zu	Erläuterungen, Beispielsituationen
1) … kann fast alle Laute korrekt bilden (Ausnahmen: [s] wie bei „Sonne“, [sch] wie bei „Schmetterling“, [r] wie bei „rennen“ und [ch1] wie bei „Küche“).	1	○	○	○	○	
	2	○	○	○	○	
	3	○	○	○	○	
2) … bildet alle Laute korrekt.	1	○	○	○	○	
	2	○	○	○	○	
	3	○	○	○	○	
3) … kann einen vorgegebenen Rhythmus mitklatschen (z.B. bei Sing- und Reimspielen).	1	○	○	○	○	
	2	○	○	○	○	
	3	○	○	○	○	
4) … kann Reimwörter erkennen und ergänzen (z.B. „Morgens früh um sechs, kommt die kleine …?“).	1	○	○	○	○	
	2	○	○	○	○	
	3	○	○	○	○	
5) … kann Wörter in einzelne Silben zerlegen (z.B. „Lam-pe“, „Ba-na-ne“, „Scho-ko-la-de“ in Form von Klatschen oder Hüpfen).	1	○	○	○	○	
	2	○	○	○	○	
	3	○	○	○	○	
6) … kann ähnlich klingende Wörter unterscheiden (z.B. „Tag – Tat“, „Maus – Haus“, „Kanne – Tanne“).	1	○	○	○	○	
	2	○	○	○	○	
	3	○	○	○	○	

Zusätzlich beobachten

	Zeitraum	Ja	Nein
7) … kann Anlaute (Anfang eines Wortes) bei Wörtern identifizieren (z.B. Apfel beginnt mit [a], Ball beginnt mit [b]).	1	○	○
	2	○	○
	3	○	○

In diesem Bereich wurde beobachtet:	Daraus folgt für die Sprachbildung:

Prosodische Kompetenzen (Betonung, Stimmmelodie)

Das Kind …	Zeitraum	trifft voll und ganz zu 4	3	2	trifft noch nicht zu 1	Erläuterungen, Beispielsituationen
1) … kann unterschiedliche Stimmen von Tieren und im Rollenspiel erzeugen (z.B. laut wie ein Bär sein, hoch wie eine feine Dame oder piepsig wie eine Maus sprechen).	1	○	○	○	○	
	2	○	○	○	○	
	3	○	○	○	○	
2) … kann seine Stimme so modulieren (verändern), dass Emotionen erkennbar sind (kann z.B. mit aufgeregter, freudiger, weinerlicher, wütender Stimme sprechen).	1	○	○	○	○	
	2	○	○	○	○	
	3	○	○	○	○	
3) … stellt sich in Lautstärke und Betonung auf verschiedene Situationen ein (z.B. Sitzkreis, Einzelgespräch).	1	○	○	○	○	
	2	○	○	○	○	
	3	○	○	○	○	
4) … verändert seine Satzmelodie (hebt z.B. die Stimme am Ende einer Frage oder einer Bitte).	1	○	○	○	○	
	2	○	○	○	○	
	3	○	○	○	○	

Zusätzlich beobachten

	Zeitraum	Ja	Nein
5) … ist häufig heiser.	1	○	○
	2	○	○
	3	○	○

In diesem Bereich wurde beobachtet:	Daraus folgt für die Sprachbildung:

Morphologisch-syntaktische Kompetenzen (Wortbildung, Satzbau)

Das Kind …	Zeitraum	trifft voll und ganz zu 4	3	2	trifft noch nicht zu 1	Erläuterungen, Beispielsituationen
Zusätzliche Items für Kinder mit DaZ						
1) … verwendet einfache Präpositionen wie „auf“, „durch“, „unter“ korrekt (z.B. im Spiel mit Stühlen, Tischen, Bänken).	1 2 3	○ ○ ○	○ ○ ○	○ ○ ○	○ ○ ○	
2) … verwendet erste Pluralformen (Mehrzahlformen) überwiegend mit den Endungen „-s“ und „-en“ (z.B. „Auto – Autos“, „Farbe – Farben“), aber auch inkorrekte Übertragungen (z.B. „Ball – Ballen“, „Gabel – Gabels“, „Vogel – Vogels“) können noch gebildet werden.	1 2 3	○ ○ ○	○ ○ ○	○ ○ ○	○ ○ ○	
Items für alle Kinder						
3) … kann auf Warum-Fragen antworten (Kausalsätze bilden) (z.B. fragt die Erzieherin: „Warum ziehen wir Gummistiefel an?“ Kind: „Weil es draußen regnet.“).	1 2 3	○ ○ ○	○ ○ ○	○ ○ ○	○ ○ ○	
4) … stellt häufig W-Fragen und ist interessiert an der Antwort (z.B. „Was?“, „Warum?“, „Wo?“).	1 2 3	○ ○ ○	○ ○ ○	○ ○ ○	○ ○ ○	
5) … kann Adjektive (Eigenschaftswörter) steigern (z.B. schnell – schneller – am schnellsten laufen).	1 2 3	○ ○ ○	○ ○ ○	○ ○ ○	○ ○ ○	
6) … erzählt Geschichten in weitgehend richtiger zeitlicher und logischer Reihenfolge (z.B. „Gestern waren wir im Zoo. Da waren Affen …“).	1 2 3	○ ○ ○	○ ○ ○	○ ○ ○	○ ○ ○	
7) … beginnt, Nebensätze zu bilden (z.B. „Wenn Mama kommt, geh ich nach Hause“, „Das Lied, das wir singen, macht Spaß“, „Tim ist nass, weil er in die Pfütze gesprungen ist“, „Wir brauchen den Ball, um Fußball zu spielen“).	1 2 3	○ ○ ○	○ ○ ○	○ ○ ○	○ ○ ○	
8) … verwendet schwierige Präpositionen wie „hinter“, „zwischen“, „neben“ korrekt (z.B. im Spiel mit Stühlen, Tischen, Bänken oder im Außengelände).	1 2 3	○ ○ ○	○ ○ ○	○ ○ ○	○ ○ ○	
9) … verwendet verschiedene Pluralformen (Mehrzahlformen) korrekt (z.B. „Tag – Tage“, „Farbe – Farben“, „Kind – Kinder“, „Auto – Autos“, „Ball – Bälle“, „Buch – Bücher“). Inkorrekte Übertragungen treten nur noch selten auf (z.B. „Fisch – Fischen“, „Stift – Stiften“, „Buch – Büchers“).	1 2 3	○ ○ ○	○ ○ ○	○ ○ ○	○ ○ ○	

Morphologisch-syntaktische Kompetenzen (Wortbildung, Satzbau)

Das Kind …	Zeitraum	trifft voll und ganz zu 4	3	2	trifft noch nicht zu 1	Erläuterungen, Beispielsituationen
10) … stellt im Hauptsatz das Verb (Tätigkeitswort) an die zweite Stelle (Satzbauregel im Deutschen) (z.B. „Iwan rutscht runter", „Ceylan malt ein Bild"; „Marie klettert Baum" wäre auch richtig).	1	○	○	○	○	
	2	○	○	○	○	
	3	○	○	○	○	
11) … hat die Subjekt-Verb-Kongruenz (Person-Tätigkeitswort-Zuordnung) erworben, insbesondere „st" in der 2. Person (Du) (z.B. „Du trinkst (Milch)", „Du gehst (raus)").	1	○	○	○	○	
	2	○	○	○	○	
	3	○	○	○	○	
12) … bildet Formen der Vergangenheit, die auch noch inkorrekt sein können (z.B. „Ich aufgeesst").[20]	1	○	○	○	○	
	2	○	○	○	○	
	3	○	○	○	○	
13) … verwendet das Perfekt (einfache Vergangenheitsform) der Verben (Tätigkeitswörter) (z.B. „Ich bin mit dem Fahrrad gefahren").	1	○	○	○	○	
	2	○	○	○	○	
	3	○	○	○	○	

In diesem Bereich wurde beobachtet:	Daraus folgt für die Sprachbildung:

Pragmatische Kompetenzen (Kommunikation, Dialog, nonverbale Kompetenzen)

Das Kind …	Zeitraum	trifft voll und ganz zu 4	3	2	trifft noch nicht zu 1	Erläuterungen, Beispielsituationen
1) … versteht den Sinn von Regelspielen, kann sich aktiv beteiligen (z.B. „Feuer, Wasser, Sturm“ oder „Fischer, Fischer, wie tief ist das Wasser?“).	1	○	○	○	○	
	2	○	○	○	○	
	3	○	○	○	○	
2) … besitzt die Fähigkeit zum Sprecherwechsel (kann z.B. Gespräche beginnen und aufrechterhalten; weiß, wann sein Gesprächspartner an der Reihe ist).	1	○	○	○	○	
	2	○	○	○	○	
	3	○	○	○	○	
3) … bringt seine Wünsche und Ideen ein, macht Vorschläge für die Gestaltung einer Spielsituation bzw. kann seine eigenen Absichten sprachlich verdeutlichen (kann z.B. anderen Kindern seine Spielideen erläutern).	1	○	○	○	○	
	2	○	○	○	○	
	3	○	○	○	○	
4) … berichtet von sich aus über Erlebnisse und erzählt kleine Geschichten vor mehreren Personen (z.B. im Sitzkreis).	1	○	○	○	○	
	2	○	○	○	○	
	3	○	○	○	○	
5) … kann sich im Rollenspiel auf Kompromisse einlassen und diese verhandeln (aus der Schaukel wird z.B. ein Flugzeug statt ein Schiff).	1	○	○	○	○	
	2	○	○	○	○	
	3	○	○	○	○	
6) … setzt Gestik und Mimik bewusst zur Unterstützung seiner Sprache ein (verändert z.B. seinen Gesichtsausdruck, wenn es sich freut; verwendet seine Arme, um Gesagtes zu unterstützen).	1	○	○	○	○	
	2	○	○	○	○	
	3	○	○	○	○	
7) … kann auf Nachfrage Strategien zur Lösung eines Problems verbal entwickeln (wenn z.B. die Erzieherin fragt: „Wie kommst du da hoch?“).	1	○	○	○	○	
	2	○	○	○	○	
	3	○	○	○	○	
8) … spielt Alltagssituationen oder Geschichten mit Puppen oder Spielfiguren nach.	1	○	○	○	○	
	2	○	○	○	○	
	3	○	○	○	○	
9) … spielt andere Spiele als Mutter-Vater-Kind und übernimmt dabei eine spezifische Rolle (z.B. „Ich bin der Schaffner – Fahrkarten bitte!“; „Stopp! Anhalten – hier kommt der Polizist.“).	1	○	○	○	○	
	2	○	○	○	○	
	3	○	○	○	○	
10) … redet von sich in der Ich-Form anstelle der 3. Person (z.B. fragt die Erzieherin: „Wer will rutschen?“ Kind: „Ich will rutschen“ anstelle von „Leila will rutschen“).	1	○	○	○	○	
	2	○	○	○	○	
	3	○	○	○	○	

Pragmatische Kompetenzen (Kommunikation, Dialog, nonverbale Kompetenzen)

Das Kind …	Zeitraum	Ja	Nein	Erläuterungen, Beispielsituationen
Zusätzlich beobachten				
11) … kommuniziert vorwiegend mit Kindern gleicher Erstsprache.	1	○	○	
	2	○	○	
	3	○	○	

In diesem Bereich wurde beobachtet:	Daraus folgt für die Sprachbildung:

Literacy

Das Kind …	Zeitraum	trifft voll und ganz zu 4	3	2	trifft noch nicht zu 1	Erläuterungen, Beispielsituationen
1) … zeigt Interesse an Büchern und wählt eigenständig (Bilder-)Bücher aus.	1 2 3	○ ○ ○	○ ○ ○	○ ○ ○	○ ○ ○	
2) … hört aufmerksam bei Geschichten oder Erzählungen zu und kann dem Inhalt folgen.	1 2 3	○ ○ ○	○ ○ ○	○ ○ ○	○ ○ ○	
3) … versucht, Worte zu schreiben, reiht Buchstaben (nicht Kringel) als Wort aneinander.	1 2 3	○ ○ ○	○ ○ ○	○ ○ ○	○ ○ ○	
4) … erzählt unaufgefordert gerne Geschichten und berichtet mit Freude von eigenen Erlebnissen (z.B. „Gestern waren wir im Zoo und da …“).	1 2 3	○ ○ ○	○ ○ ○	○ ○ ○	○ ○ ○	
5) … erkennt Symbole und Piktogramme (Bilder und Zeichen, z.B. für Toiletten oder Apotheke) im Alltag wieder und weiß, was sie bedeuten.	1 2 3	○ ○ ○	○ ○ ○	○ ○ ○	○ ○ ○	
6) … kann ein Bild aus einem Bilderbuch als Erzählanlass nutzen.	1 2 3	○ ○ ○	○ ○ ○	○ ○ ○	○ ○ ○	

Zusätzlich beobachten

	Zeitraum	Ja	Nein
7) … ist interessiert am Text eines Bilderbuches (z.B. zeigt auf eine Textstelle und fragt nach, was da geschrieben steht).	1 2 3	○ ○ ○	○ ○ ○
8) … versucht, in bekannten Büchern einzelne Wörter am Schriftbild zu erkennen.	1 2 3	○ ○ ○	○ ○ ○

In diesem Bereich wurde beobachtet:	Daraus folgt für die Sprachbildung:

Kurzbeschreibung der quantitativen (rechnerischen) Auswertung (ausführlich in Kapitel 5.2.3)

Schritt 1: Übertragen Sie die gesetzten Kreuze in die jeweilige Tabellenzeile und ziehen Sie diese zum Summenrohwert zusammen.

Schritt 2: Suchen Sie den zu Ihrem Summenwert passenden T-Wert aus den Normtabellen (siehe Seite 73 bis 82) heraus. Beachten Sie dabei, welche Tabellen Sie verwenden.

Schritt 3: Übertragen Sie die T-Werte in das Sprachprofil (siehe Seite 127).

Auswertungsschablone: *BaSiK*-Ü3-Version

Name des Kindes: ____________________

DaM: Das Kind hat die deutsche Sprache im Alter bis 23 Monate erworben.

DaZ: Das Kind hat die deutsche Sprache im Alter ab 24 bis 83 Monaten erworben.

Sprachverständnis		Items	Summe Rohwert	T-Wert
DaZ	(1. Zeitpunkt)	1: ___, 2: ___, 3: ___, 4: ___, 5: ___, 6: ___, 7: ___		
DaM	(1. Zeitpunkt)	3: ___, 4: ___, 5: ___, 6: ___, 7: ___		
DaZ	(2. Zeitpunkt)	1: ___, 2: ___, 3: ___, 4: ___, 5: ___, 6: ___, 7: ___		
DaM	(2. Zeitpunkt)	3: ___, 4: ___, 5: ___, 6: ___, 7: ___		
DaZ	(3. Zeitpunkt)	1: ___, 2: ___, 3: ___, 4: ___, 5: ___, 6: ___, 7: ___		
DaM	(3. Zeitpunkt)	3: ___, 4: ___, 5: ___, 6: ___, 7: ___		

Semantisch-lexikalische Kompetenzen		Items	Summe Rohwert	T-Wert
DaZ	(1. Zeitpunkt)	1: ___, 2: ___, 3: ___, 4: ___, 5: ___, 6: ___, 7: ___		
DaM	(1. Zeitpunkt)	4: ___, 5: ___, 6: ___, 7: ___		
DaZ	(2. Zeitpunkt)	1: ___, 2: ___, 3: ___, 4: ___, 5: ___, 6: ___, 7: ___		
DaM	(2. Zeitpunkt)	4: ___, 5: ___, 6: ___, 7: ___		
DaZ	(3. Zeitpunkt)	1: ___, 2: ___, 3: ___, 4: ___, 5: ___, 6: ___, 7: ___		
DaM	(3. Zeitpunkt)	4: ___, 5: ___, 6: ___, 7: ___		

Auswertungsschablone: *BaSiK*-Ü3-Version

Phonetisch-phonologische Kompetenzen		Items	Summe Rohwert	T-Wert
DaZ	(1. Zeitpunkt)	1: ___, 2: ___, 3: ___, 4: ___, 5: ___, 6: ___		
DaM	(1. Zeitpunkt)	1: ___, 2: ___, 3: ___, 4: ___, 5: ___, 6: ___		
DaZ	(2. Zeitpunkt)	1: ___, 2: ___, 3: ___, 4: ___, 5: ___, 6: ___		
DaM	(2. Zeitpunkt)	1: ___, 2: ___, 3: ___, 4: ___, 5: ___, 6: ___		
DaZ	(3. Zeitpunkt)	1: ___, 2: ___, 3: ___, 4: ___, 5: ___, 6: ___		
DaM	(3. Zeitpunkt)	1: ___, 2: ___, 3: ___, 4: ___, 5: ___, 6: ___		

Prosodische Kompetenzen		Items	Summe Rohwert	T-Wert
DaZ	(1. Zeitpunkt)	1: ___, 2: ___, 3: ___, 4: ___		
DaM	(1. Zeitpunkt)	1: ___, 2: ___, 3: ___, 4: ___		
DaZ	(2. Zeitpunkt)	1: ___, 2: ___, 3: ___, 4: ___		
DaM	(2. Zeitpunkt)	1: ___, 2: ___, 3: ___, 4: ___		
DaZ	(3. Zeitpunkt)	1: ___, 2: ___, 3: ___, 4: ___		
DaM	(3. Zeitpunkt)	1: ___, 2: ___, 3: ___, 4: ___		

Morphologisch-syntaktische Kompetenzen		Items	Summe Rohwert	T-Wert
DaZ	(1. Zeitpunkt)	1: ___, 2: ___, 3: ___, 4: ___, 5: ___, 6: ___, 7: ___, 8: ___, 9: ___, 10: ___, 11: ___, 12: ___, 13: ___		
DaM	(1. Zeitpunkt)	3: ___, 4: ___, 5: ___, 6: ___, 7: ___, 8: ___, 9: ___, 10: ___, 11: ___, 12: ___, 13: ___		
DaZ	(2. Zeitpunkt)	1: ___, 2: ___, 3: ___, 4: ___, 5: ___, 6: ___, 7: ___, 8: ___, 9: ___, 10: ___, 11: ___, 12: ___, 13: ___		
DaM	(2. Zeitpunkt)	3: ___, 4: ___, 5: ___, 6: ___, 7: ___, 8: ___, 9: ___, 10: ___, 11: ___, 12: ___, 13: ___		
DaZ	(3. Zeitpunkt)	1: ___, 2: ___, 3: ___, 4: ___, 5: ___, 6: ___, 7: ___, 8: ___, 9: ___, 10: ___, 11: ___, 12: ___, 13: ___		
DaM	(3. Zeitpunkt)	3: ___, 4: ___, 5: ___, 6: ___, 7: ___, 8: ___, 9: ___, 10: ___, 11: ___, 12: ___, 13: ___		

Auswertungsschablone: *BaSiK*-Ü3-Version

Pragmatische Kompetenzen		Items	Summe Rohwert	T-Wert
DaZ	(1. Zeitpunkt)	1: ___, 2: ___, 3: ___, 4: ___, 5: ___, 6: ___, 7: ___, 8: ___, 9: ___, 10: ___		
DaM	(1. Zeitpunkt)	1: ___, 2: ___, 3: ___, 4: ___, 5: ___, 6: ___, 7: ___, 8: ___, 9: ___, 10: ___		
DaZ	(2. Zeitpunkt)	1: ___, 2: ___, 3: ___, 4: ___, 5: ___, 6: ___, 7: ___, 8: ___, 9: ___, 10: ___		
DaM	(2. Zeitpunkt)	1: ___, 2: ___, 3: ___, 4: ___, 5: ___, 6: ___, 7: ___, 8: ___, 9: ___, 10: ___		
DaZ	(3. Zeitpunkt)	1: ___, 2: ___, 3: ___, 4: ___, 5: ___, 6: ___, 7: ___, 8: ___, 9: ___, 10: ___		
DaM	(3. Zeitpunkt)	1: ___, 2: ___, 3: ___, 4: ___, 5: ___, 6: ___, 7: ___, 8: ___, 9: ___, 10: ___		

Literacy		Items	Summe Rohwert	T-Wert
DaZ	(1. Zeitpunkt)	1: ___, 2: ___, 3: ___, 4: ___, 5: ___, 6: ___		
DaM	(1. Zeitpunkt)	1: ___, 2: ___, 3: ___, 4: ___, 5: ___, 6: ___		
DaZ	(2. Zeitpunkt)	1: ___, 2: ___, 3: ___, 4: ___, 5: ___, 6: ___		
DaM	(2. Zeitpunkt)	1: ___, 2: ___, 3: ___, 4: ___, 5: ___, 6: ___		
DaZ	(3. Zeitpunkt)	1: ___, 2: ___, 3: ___, 4: ___, 5: ___, 6: ___		
DaM	(3. Zeitpunkt)	1: ___, 2: ___, 3: ___, 4: ___, 5: ___, 6: ___		

Sprachprofil *BaSiK*-Ü3-Version

Name des Kindes: ______________________________

Zeitpunkt der Beobachtung: ☐ 1. Zeitpunkt ☐ 2. Zeitpunkt ☐ 3. Zeitpunkt (durch unterschiedliche Farben kenntlich machen)

DaM: Das Kind hat die deutsche Sprache im Alter bis 23 Monate erworben. **DaZ:** Das Kind hat die deutsche Sprache im Alter ab 24 bis 83 Monaten erworben.

Kompetenz	T-Werte (Prozentränge)					
	<29 (<2%)	30–39 (<16%)	40–49 (<50%)	50–59 (<84%)	60–69 (<97%)	70> (<100%)
	Unterdurchschnittlich entwickelte Sprachkompetenz (zusätzliche Unterstützung erwägen)		Durchschnittlich entwickelte Sprachkompetenz		Überdurchschnittlich bis sehr gut entwickelte Sprachkompetenz	
Sprachverständnis						
Semantik/Lexikon						
Phonetik/Phonologie						
Prosodie						
Morphologie/Syntax						
Pragmatik						
Literacy						